©   2015 ZS Verlag GmbH
Türkenstraße 9
D-80333 München

ISBN: 978-3-89883-521-3
1. Auflage 2015

Projektleitung	Eva-Maria Hege, Katinka Holupirek
Lektorat	Katharina Lisson, Martina Solter
Layout	Irene Schulz
Rezepte	Marianne Zunner
Fotografie	siehe Bildnachweis (Seite 169)
Herstellung	Peter Karg-Cordes
Producing	Jan Russok
Druck & Bindung	optimal media GmbH, Röbel

Die ZS Verlag GmbH ist ein Unternehmen der Edel AG, Hamburg.
www.zs-verlag.com | www.facebook.com/zs-verlag

ECHT
AUFLÄUFE

Über 100 kreative Rezepte von Marianne Zunner

INHALT

Meine Aufläufe

Darf ich Ihnen etwas verraten? Für mich besteht die wahre Kunst beim Kochen darin, wenige gute Zutaten ausgewogen zu kombinieren und jedem Gericht mit frischen Kräutern und Gewürzen das gewisse Etwas zu verleihen. Wenn dann als Krönung noch eine knusprigwürzige Käsekruste dazukommt, gibt es fast nichts Besseres.

Auflauf und Gratin sind perfekte einfache Gerichte, denn sie können praktisch alles: Sie lassen sich unkompliziert und ohne großen Schnickschnack zubereiten, sind dabei unglaublich wandlungsfähig und passen sowohl als leckeres warmes Mittagessen für die Familie als auch raffiniert verfeinert für besondere Anlässe. Für meine Rezepte lasse ich mich gerne vom Lauf der Jahreszeiten inspirieren und von all den Lebensmitteln, die dann gerade Saison haben: Im Frühjahr und Sommer verwende ich jungen Spargel, aromatische Tomaten und süße Erdbeeren, im Herbst und im Winter farbenfrohen Kürbis, heimisches Obst und Wurzelgemüse … und natürlich Kartoffeln.

Einfach bedeutet auch wenig Aufwand bei der Zubereitung. Der hält sich bei diesen Rezepten wirklich in Grenzen, denn die Hauptarbeit übernimmt der Backofen. Sobald das Gericht darin verschwindet, ist alles erledigt und man kann schon mal in aller Ruhe aufdecken.

Für mich hat ein gutes Essen auch immer etwas mit Gastfreundschaft und Geselligkeit zu tun. Ich lade gerne Gäste ein und oft wird die Runde auch etwas größer. Eine gute Gelegenheit, um auf Auflauf & Co. zurückzugreifen: Tagsüber bereite ich gemütlich vor, parke alles zugedeckt im Kühlschrank und serviere am Abend auch größere Mengen heiß und saftig direkt aus dem Ofen. Übrig bleibt nach so einem schönen Abend unter Freunden neben Geschirr nur eine Auflaufform, und so ist der Abwasch im Handumdrehen erledigt!

Viel Spaß beim Nachkochen und guten Appetit wünscht Ihnen

DAS WICHTIGSTE VORAB

1 Muss ich Gemüse immer vorgaren?

Damit später alles gleichmäßig gar ist, wird das Gemüse meist erst kurz gebraten oder blanchiert. Ausgenommen sind Zutaten, die sehr klein oder dünn geschnitten werden oder eine kurze Garzeit haben.
> siehe dazu Seite 14

2 Klappt das Überbacken auch mit Light-Käse?

Ja, man kann vollfetten durch leichten Käse ersetzen. Da der weniger Fett enthält, schmilzt er allerdings nicht so gut und die Kruste wird weniger braun.

3 Muss man die Form immer einfetten?

Bei antihaftbeschichteten Formen kann man sich das Einfetten sparen, bei allen anderen sorgt es dafür, dass sich der Inhalt besser vom Rand löst und die Form später leichter zu reinigen ist.

4 Kann ich Aufläufe vorbereiten?

Dafür sind sie perfekt. Man kann sie fertig einschichten, abgedeckt im Kühlschrank aufbewahren und bei Bedarf in den Ofen schieben. Sind sie stark durchgekühlt, erhöht sich allerdings die im Rezept angegebene Garzeit etwas.

5 Kann ich Aufläufe einfrieren?

Fertig gegarte Aufläufe lassen sich gut einfrieren. Besonders praktisch dafür sind Formen, z.B. aus speziellem Glas, die man sowohl in das Tiefkühlgerät als auch in Ofen und Mikrowelle stellen kann.

6 Und für Veganer?

Kein Problem: Die Béchamelsauce (siehe auch Seite 20) kann mit veganer Margarine und Soja-, Reis- oder Hafermilch zubereitet oder durch verdünntes Nussmus ersetzt werden. Statt mit Käse wird der Auflauf mit Hefeschmelz oder veganem Käse überbacken.

7 Ändert sich die Garzeit mit der Form?

Je größer und je höher die Form, desto länger ist die Garzeit, schließlich muss die Hitze von der Oberfläche und den Rändern der Form bis ins Innere dringen. In flachen Portionsformen geht's also besonders schnell.
> siehe dazu Seite 16

8 Und wenn Gäste kommen?

Dann zeigt der Auflauf, was er kann: Für die große Runde lassen sich die Zutaten ganz einfach verdoppeln und in zwei separaten Formen zeitgleich in den Ofen schieben.

EINER FÜR ALLE

Aufläufe und Gratins sind vor allem in Breiten beliebt, in denen man Wärmendes gut gebrauchen kann – als echtes Seelenfutter.

1. SIE GIBT ES, SEIT ES BACKÖFEN GIBT

Wer hat den Auflauf erfunden? Keiner weiß es genau. Doch es ist wahrscheinlich, dass mit der Erfindung des Backofens auch der Auflauf das Licht der Welt erblickt hat, schließlich braucht man für goldbraune Krusten die Hitze von oben. In vielen ländlichen Regionen Mittel- und Nordeuropas war es lange Zeit üblich, die Restwärme der gemeinschaftlich betriebenen Brotbacköfen zu nutzen, um darin andere Speisen zu garen: Kuchen, Schmorgerichte – und Aufläufe. Dort wo Brot traditionell in der Pfanne oder auf heißen Steinen gebacken wird, wie in Indien, oder gleich ganz fehlt, wie in Japan, findet man diese Art von Gericht kaum. Vielleicht auch, weil das, was viele Aufläufe so köstlich macht, in diesen Ländern kaum eine Rolle spielt: Käse. Er ist in vielen Aufläufen und Gratins das Verbindungsglied zwischen den einzelnen Zutaten, gibt Würze, sorgt für Schmelz und die beliebte goldbraune Kruste. Überall dort, wo Käse – ob von Kuh, Schaf oder Ziege – ein wichtiger Küchenbestandteil ist, liebt man auch die heiße Speise aus dem Ofen.

Seit jeder Haushalt einen Backofen besitzt, sind Aufläufe und Gratins zum Alltagsliebling avanciert. Der Grund: Sie sind bestens vorzubereiten, ideal als Resteverwertung und preisgünstig – können aber jederzeit auch gästefein gemacht werden. Und das Beste: Nach dem Essen ist nur eine Form abzuwaschen.

2. REINE FORMSACHE

Auflaufformen stehen in unterschiedlichen Materialien zur Auswahl: *Gusseisen* zeichnet sich durch eine besonders gute Wärmeleitung und -speicherung aus. Der Auflauf kann auch ringsherum eine Kruste bilden und bleibt lange heiß. Zwar ist Gusseisen recht schwer und nicht billig, dafür aber unverwüstlich. *Keramik* (Steingut, Steinzeug oder Porzellan) ist relativ preisgünstig und in vielen Varianten erhältlich. Gute Qualitäten halten starke Temperaturschwankungen aus, sodass man den Auflauf vom Gefrierschrank direkt in den heißen Backofen stellen kann. *Formen aus Stahl* werden sehr heiß (gut für die Kruste), sind robust und lassen sich gut reinigen. Wegen der guten Hitzeleitung sind sie auch zum Braten und Backen geeignet. *Hitzebeständiges Glas* bietet aufgrund der Transparenz einen schönen Durchblick. Glasformen lassen sich sowohl zum Einfrieren als auch im Ofen verwenden, schockartige Temperaturwechsel mögen sie aber nicht.

3. AM BESTEN HEISS GENIESSEN

Wer häufig Lasagne zubereitet und gerne gleichmäßige Portionsstücke hat, ist mit einer rechteckigen Form am besten bedient. Auch Gefülltes wie Tortillas, Pfannkuchen oder Gemüse und mehrere Fleisch- oder Fischportionen kann man hier besser anordnen als in runden oder ovalen Formen. Ein praktisches Detail sind Griffe, Griffmulden oder ein verstärkter Rand, die das Herausnehmen der heißen Form aus dem Ofen erleichtern. Welche Backofeneinstellung gewählt wird, avanciert mittlerweile beinahe zur Glaubensfrage: Mit Ober- und Unterhitze wärmen Heizelemente den Auflauf konstant von oben und unten. Bei der Umluft hingegen verteilt ein rückwärtiger Ventilator die Wärme gleichmäßig im Ofeninneren, was die Kruste schön knusprig werden lässt, aber den Auflauf auch rasch austrocknen kann. Falls Sie Umluft verwenden, sollten Sie die in den Rezepten angegebenen Temperaturen stets um 20 °C reduzieren.

Auflaufs Liebling: Gemüse

*Gemüse macht Aufläufe und Gratins bunt und gesund.
Weil die einzelnen Sorten unterschiedliche Garzeiten haben,
ist ein wenig Vorbereitung nötig.*

VON AUBERGINEN BIS ZUCCHINI

Anbraten können Sie Sorten wie Auberginen, Fenchel, Frühlingszwiebeln, Kürbis, Kohl, Lauch, Paprika, Pilze, Spinat, Staudensellerie, Zucchini oder Zwiebeln. Das Gemüse klein schneiden und in der Pfanne in etwas heißem Öl oder Butter bissfest anbraten.

Blanchieren können Sie Sorten wie Blumenkohl, grüne Bohnen, Brokkoli, Möhren, Rosenkohl, Petersilienwurzeln, Rote Bete, Sellerie oder Spargel. Das jeweilige Gemüse dafür klein schneiden und in reichlich kochendem Salzwasser bissfest garen. Dann in Eiswasser kalt abschrecken und auf einem Sieb abtropfen lassen.

Roh können Sie Tomaten verwenden. Wer die Schale nicht mag, kann die Tomaten vorher häuten. Dafür die Tomaten kreuzweise einritzen, kurz in siedendes Wasser legen, in kaltem Wasser abschrecken und die Haut mit einem kleinen Messer abziehen.

VIELSEITIGE KARTOFFELN

Pellkartoffeln passen perfekt für Aufläufe: Die Kartoffeln dafür im Ganzen kochen, abkühlen lassen, pellen und klein schneiden (1). Nach Belieben können Sie die Kartoffeln auch erst schälen, in Scheiben oder Würfel schneiden und in kochendem Salzwasser etwa 15 Minuten garen. Dann abschrecken und abtropfen lassen.

Kartoffelgratin besteht aus rohen dünnen Scheiben: Die Kartoffeln fein hobeln (2) und in eine ofenfeste Form schichten. 400 g Sahne mit Salz, Pfeffer und 1 Prise frisch geriebener Muskatnuss verrühren und über die Kartoffeln gießen. Mit 100 g geriebenem Bergkäse bestreut bei 180 °C im vorgeheizten Backofen 40 Minuten überbacken (siehe auch S. 72).

TIEFGEKÜHLT UND EINGEMACHT

Und was ist mit Dosen? Gemüse aus der Konserve wie Mais, Bohnen oder Kichererbsen ist bereits gegart. Also einfach abtropfen lassen und ab in den Auflauf damit! Das gilt auch für Gemüse aus dem Glas (Spargel, Pilze, Antipasti).

Und Tiefkühlgemüse? Rohes tiefgefrorenes Gemüse nach Packungsanweisung auftauen und garen. Vorgegartes Gemüse nach Packungsanweisung auftauen. Für Aufläufe besonders gut geeignet ist Gemüse mit Sahnesauce (z.B. Rahmspinat, Rahmlauch, Rahmblumenkohl). Es lässt sich super – nach Wunsch noch mit etwas Käse gemischt – zwischen einzelne Lagen Auflauf schichten.

Gut in Form

Rund, eckig, oval, hoch, flach oder klein, aus Glas, Steinzeug, Porzellan oder Metall – Auflaufformen gibt es in unterschiedlichsten Ausführungen. Eine Auswahl an Formen und nützlichen Küchenhelfern sehen Sie hier.

1_GLASFORMEN lassen vor allem bei farbenfrohen Aufläufen das Auge mitessen. Sie eignen sich zum Erhitzen und Tiefkühlen.

2_OVALE Formen sind universell einsetzbar, Griffe erleichtern das Herausnehmen.

3_PFANNENWENDER zum Portionieren können aus Metall oder Kunststoff sein; letztere sind zum Schutz vor Kratzern bei der Verwendung von beschichteten Formen Pflicht.

4_KÜCHENHANDSCHUHE oder Topflappen sind nicht altmodisch, sondern schützen die Hände sicher vor Verbrennungen.

5_RECHTECKIGE Formen sind von Vorteil, wenn man gleich große Stücke servieren will oder viel Schichtgut verarbeitet.

6_RUNDE Gratinformen lassen sich auch für flache Quiches und Tartes verwenden. Aus ihnen lassen sich gleichmäßige „Tortenstücke" zum Servieren portionieren.

7_COCOTTES, die kleinen ofenfesten Formen mit Deckel aus Steinzeug oder Gusseisen, sind ideal zum Gratinieren oder Schmoren.

8_SOUFFLÉFÖRMCHEN für kleine pikante oder süße Versuchungen. Gegessen wird in der Regel direkt aus der Form.

Das süße Leben

Ob als Hauptgericht oder Dessert: Süße Aufläufe und Gratins entzücken kleine und große Genießer. Erst recht dann, wenn sie von einem sahnigen oder fruchtigen Sößchen begleitet werden.

VANILLESAUCE AUS GROSSMUTTERS KÜCHENSCHATZ

1 Eine Vanilleschote der Länge nach aufschneiden und das Mark mit einem spitzen Messer herauskratzen. Alternativ kann man auch 1–2 TL Vanilleextrakt verwenden.

2 In einem Topf die Vanilleschote und das -mark mit 300 ml Milch und 200 g Sahne zum Kochen bringen.

3 In einer hitzebeständigen Schüssel 4 Eigelbe mit 60 g Zucker und ½ TL Speisestärke mit dem Schneebesen cremig rühren.

4 Dann die heiße Mischung durch ein Sieb zur Eigelbcreme gießen. Die Schüssel in ein heißes Wasserbad stellen und die Vanillesauce unter Rühren mit dem Schneebesen erhitzen, bis sie bindet. Die Sauce abkühlen lassen, dabei ab und zu umrühren, damit sich keine Haut bildet.

QUARKCREME ZUM GRATINIEREN

1 Für 4 Dessert-Portionen 2 Eier trennen. 400 g Früchte (z.B. Beeren) waschen.

2 125 g Magerquark, Eigelbe und 3 EL Zucker cremig rühren. Das Eiweiß und 125 g Sahne mit 1 EL Vanillezucker steif schlagen.

3 Beeren und Eischnee unter die Quarkmasse mischen, auf vier ofenfeste Förmchen verteilen und unter dem eingeschalteten Backofengrill 8–10 Minuten goldbraun backen. Die Quarkcreme kann auch ohne Beeren zum Überbacken verwendet werden.

FRUCHTSAUCEN GANZ FIX FERTIG

Frisches schnell gemixt Frische Früchte (z.B. Beeren, Mango oder Kiwi) waschen, putzen bzw. schälen und falls nötig klein schneiden. Mit dem Stabmixer oder im Mixer fein pürieren. Nach Wunsch durch ein Sieb streichen, damit eventuelle Kernchen zurückbleiben. Mit Zucker, Honig oder Dicksaft süßen und nach Wunsch mit Zitrussaft oder Alkohol (z.B. Beerenlikör, weißer Rum) abschmecken. Warm oder kalt servieren.

Feines aus dem Frost Tiefgekühlte Früchte (z.B. Himbeeren oder Waldbeeren) in einem Topf zum Kochen bringen, kurz köcheln lassen und anschließend durch ein feines Sieb streichen. Mit Zucker, Honig oder Dicksaft süßen und nach Wunsch mit Zitrussaft oder Alkohol (z.B. Himbeergeist, Cassis) abschmecken. Warm oder kalt servieren.

Köstliches aus der Konserve Eingemachtes Obst (z.B. Aprikosen, Kirschen, Pfirsiche oder Stachelbeeren) abtropfen lassen (Saft auffangen) und – eventuell mit etwas Saft – pürieren. Nach Belieben durch ein Sieb streichen. Mit Zucker, Honig oder Dicksaft süßen und nach Wunsch mit Zitrussaft oder Alkohol (z.B. Marillengeist, Amaretto) abschmecken.

Saucen-Basic

Die cremige Sauce auf der Basis von Butter, Mehl, Milch oder Brühe sorgt für die perfekte Verbindung der einzelnen Auflaufzutaten – und ist ein echter Verwandlungskünstler.

BÉCHAMELSAUCE

1 Für gut ½ l Sauce 3–4 EL Butter in einem Topf bei mittlerer zerlassen.

2 Dann 3–4 EL Mehl gleichmäßig darüberstäuben (je mehr Mehl, desto sämiger wird die Sauce) und das Mehl unter Rühren mit einem Kochlöffel oder Schneebesen goldgelb anschwitzen (dabei nicht bräunen lassen).

3 Nach und nach unter ständigem Rühren ½ l Flüssigkeit (Milch oder Brühe oder beides gemischt) dazugießen. Die Sauce zum Kochen bringen und bei kleiner Hitze etwa 5 Minuten köcheln lassen. Dabei gelegentlich umrühren, damit nichts ansetzt.

4 Zum Schluss die Sauce mit Salz und Pfeffer abschmecken und nach Belieben z.B. mit Gewürzen, Kräutern oder Käse verfeinern (siehe Variationen rechts).

IMMER WIEDER ANDERS

1 Für extra Cremigkeit (z.B. für Spargelauflauf, Pilzauflauf oder Kartoffelaufläufe) einfach einen Teil der Milch durch Sahne ersetzen. Oder die Brühe durch feinen Fisch- oder Rinderfond ersetzen.

2 Für interessante Geschmacksrichtungen Meerrettich, Senf oder Tomatenmark unter die fertige Sauce rühren.

3 Für mehr Farbe und Frische gehackte Kräuter wie Petersilie, Dill, Estragon oder Kerbel oder abgeriebene Bio-Zitronenschale unter die fertige Sauce rühren.

BÉCHAMEL LIEBT KÄSE

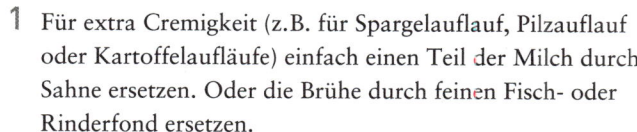

1 Weiche und fettreiche Käsesorten wie Schmelzkäse oder Gorgonzola machen die Sauce noch cremiger und üppiger. Sie geben aber auch zusätzliche Bindung, deshalb etwas weniger Mehl oder mehr Flüssigkeit dazugeben.

2 Rührt man Hartkäse wie Parmesan oder Bergkäse unter die Sauce, wird sie würziger und vollmundiger. Die Kruste bekommt beim Überbacken eine schöne goldbraune Farbe.

Drunter und drüber: Käse

In den meisten Aufläufen spielt Käse eine Hauptrolle. Er ist verantwortlich für den Schmelz im Inneren und für die appetitliche goldbraune Kruste obendrauf. Die wichtigsten Sorten sind:

1_MOZZARELLA zerläuft schnell und verwandelt sich in eine zartschmelzende Kruste.

2_RICOTTA kann eine Béchamelsauce ersetzen, ist aber zum Überbacken weniger geeignet.

3_FETA passt zu mediterranen Zutaten wie Tomaten, Auberginen oder Spinat. Wird meist untergemischt, weil er kaum schmilzt.

4_WEICHKÄSE wie Brie macht sich gut als cremige Lage im Auflauf. Fürs Überbacken gilt: Je fetter er ist, desto schneller schmilzt er.

5_GOUDA ist universal einsetzbar: als Bindung in Saucen, einfach unter die Zutaten gemischt und als goldbraune Kruste.

6_EMMENTALER ist der Allrounder mit der würzigen, leicht nussigen Note.

7_PARMESAN peppt Saucen auf und macht Krusten goldbraun.

8_BERGKÄSE ist in rustikalen Aufläufen und Gratins richtig am Platz, denn er sorgt für ein intensives Aroma.

9_BLAUSCHIMMELKÄSE (z.B. Gorgonzola) schmilzt hervorragend und macht sich besonders gut als Bestandteil von hellen Saucen.

Nicht zu toppen

Das Schönste am Auflauf – egal ob süß oder salzig – ist für viele die Kruste. Noch leckerer wird diese mit einer Extra-schicht knusprig-kerniger Streusel obendrauf

SÜSS & KNUSPRIG

Mit Pumpernickel 40 g Pumpernickel zerbröckeln und mit 4 EL Mehl und 50 g braunem Zucker im Mixer fein zerkleinern. Mit 30 g gehackten Walnusskernen mischen und mit 40 g kalter Butter (in Stückchen) zu einer bröseligen Masse verkneten. Bei 180 °C 10 bis 15 Minuten mitbacken.

Mit Haselnusskernen 40 g Haselnusskerne grob hacken und mit 4 EL Mehl, 3 EL kernigen Haferflocken, 4 EL Zucker und ¼ TL Zimtpulver mischen. Mit 40 g zerlassener Butter zu einer bröseligen Masse vermischen. Bei 180 bis 200 °C 10 bis 15 Minuten mitbacken.

Mit Amarettini 40 g Amarettini im Mixer fein zerbröseln. Mit 3 EL gehackten Mandeln und 2 EL Zucker mischen und mit 25 g zerlassener Butter zu einer bröse-ligen Masse vermischen. Bei 180 bis 200 °C 5 bis 10 Minuten mitbacken.

Mit Kokos 3 EL Kokosraspel mit 6 EL Mehl, 5 EL Zucker und der abgeriebenen Schale von ½ Bio-Limette mischen. Mit 50 g kalter Butter (in Stückchen) zu einer bröseligen Masse verkneten und bei 180 °C 10 bis 15 Minuten mitbacken.

PIKANT & KERNIG

Mit Pinienkernen 4 EL gehackte Pinienkerne mit 4 EL Mehl, 1 Msp. Chiliflocken, 1 TL gehackten Rosmarinnadeln, etwas Salz und 4 EL geriebenem Parmesan mischen. Mit 4 EL Olivenöl zu einer bröseligen Masse verkneten und bei 180 bis 200 °C 15 bis 20 Minuten mitbacken.

Mit Polentagrieß 60 g Polentagrieß mit 1 TL gehackten Thymianblättchen und etwas Salz und Pfeffer verkneten. Mit 3 EL kalter Butter (in Stückchen) zu einer bröseligen Masse verkneten und zu Streuseln formen. Bei 180 bis 200 °C 15 bis 20 Minuten mitbacken.

Mit Brotchips 20 g Brotchips (selbst gemacht oder Fertigprodukt) fein zerbröseln. 3 EL getrocknete Tomaten in Würfel schneiden und mit 20 g Walnusskernen und 1 TL gehacktem Rosmarin grob pürieren. Mit den Brotchipsbröseln und 2 EL Olivenöl zu einer bröseligen Masse verkneten. Bei 180 °C 15 bis 20 Minuten mitbacken.

Mit Kartoffelchips 100 g Kartoffelchips (Geschmacksrichtung nach Belieben) grob zerbröseln und mit 3 EL Mayonnaise gut vermischen. Bei 180 °C etwa 20 Minuten mitbacken.

Und dazu noch ein Salat!

Heiß und knusprig kommen Aufläufe und Gratins aus dem Ofen. Für die pikanten unter ihnen gilt: Ein knackig-frischer Salat macht den Genuss perfekt. Drei Rezepte für alle Fälle:

BLATTSALAT

1 Ob Römersalat, Rucola oder Radicchio – Blattsalate passen zu jedem Auflauf und eine klassische Vinaigrette aus Essig und Öl zu jedem Salat.

2 Etwa 200 g Salat waschen, putzen und etwas kleiner zupfen und nach Belieben die dicken Blattrippen entfernen. Die Salatblätter am besten in einer Salatschleuder trocken schleudern (damit die Vinaigrette später nicht verwässert) und in eine große Schüssel geben.

3 In einer kleinen Schüssel 2 EL Weißweinessig (für Herbstsalate auch Himbeer- oder Apfelessig bzw. Reisessig), 1 Prise Zucker, Salz und Pfeffer und 1 TL Senf (auch aromatische Senfsorten wie Estragon- oder Honigsenf sind möglich) mit dem Schneebesen verquirlen.

4 5 EL Öl (z.B. mildes Olivenöl, Walnuss- oder Haselnussöl, bzw. Sesamöl für einen asiatischen Touch) dazugießen und unterschlagen (oder alles in einem Schraubglas gut durchschütteln). Die Vinaigrette kurz vor dem Servieren über den Salat geben und alles vorsichtig mischen.

GURKENSALAT

1 2 Salatgurken waschen und in dünne Scheiben hobeln. In eine Schüssel geben, mit 2 TL Salz bestreuen und 10 Minuten ziehen lassen. Inzwischen 200 g Schmand, 2 EL Weißweinessig und Pfeffer aus der Mühle glattrühren.

2 Die Gurken in ein Sieb geben und gut ausdrücken. Mit dem Dressing mischen und 3 bis 4 EL gehackten Dill, Kerbel oder Schnittlauch untermischen. Den Salat nochmals abschmecken und sofort servieren.

TOMATENSALAT

1 750 g Tomaten waschen und in Scheiben oder Spalten schneiden, dabei die Stielansätze entfernen. 1 Handvoll Basilikumblätter waschen und trocken tupfen.

2 Für das Dressing 2 EL Aceto Balsamico, Salz, Pfeffer, ¼ TL Zucker und 5 EL Olivenöl verquirlen und über die Tomatenscheiben geben. Die Basilikumblätter dazugeben und untermischen. Mit Salz und Pfeffer abschmecken und sofort servieren.
Wer mag, der mischt noch eine Kugel in Scheiben geschnittene Büffelmozzarella oder Mini-Mozzarellakugeln unter den Tomatensalat.

MIT NUDELN

Rigatoni-Auflauf

mit Gremolata

ZUTATEN FÜR 4–6 PERSONEN

Für den Auflauf

400 g Rigatoni · Salz

1 weiße Zwiebel

4 Knoblauchzehen

1 Aubergine

2 kleine Zucchini

je 1 rote und gelbe
Paprikaschote

je 1 Bund Oregano
und Thymian

3 EL Olivenöl

1 EL Tomatenmark

2 große Dosen stückige Tomaten
(à 480 g Abtropfgewicht)

Pfeffer aus der Mühle

100 g geriebener Parmesan

250 g Ricotta

Für die Gremolata

6 EL Olivenöl

1 EL abgeriebene Bio-Zitronenschale

4 EL gehackte Petersilie

ZUBEREITUNG // 🕐 20 min // 🍳 40 min

1 Die Rigatoni in reichlich kochendem Salzwasser nach Packungsanweisung bissfest garen. Abgießen, kalt abschrecken und abtropfen lassen. Die Zwiebel und 2 Knoblauchzehen schälen. Die Aubergine und die Zucchini putzen und waschen. Die Paprikaschoten längs halbieren, entkernen und waschen. Das Gemüse evtl. im Küchenmixer sehr klein schneiden.

2 Oregano und Thymian waschen und trocken schütteln. Die Blättchen abzupfen und fein hacken. 2 EL Olivenöl in einem Topf erhitzen und die Gemüsemischung darin 3 bis 5 Minuten anbraten. Das Tomatenmark dazugeben und kurz mitbraten. Die Dosentomaten hinzufügen und kurz aufkochen. Oregano und Thymian unterrühren und die Sauce mit Salz und Pfeffer würzen. Nach Belieben mit Chiliflocken oder Cayennepfeffer leicht scharf abschmecken.

3 Eine tiefe Auflaufform (28 cm Durchmesser) mit 1 EL Olivenöl einfetten, dabei den Rand 4 bis 5 cm hoch mit einfetten. Die Rigatoni aufrecht in die Form stellen.

4 Den Backofen auf 180 °C Umluft vorheizen. Die Sauce über die Rigatoni verteilen, sodass sie fast vollständig damit bedeckt sind. Die Form leicht rütteln, damit sich die Sauce gleichmäßig verteilt. Den Parmesan über den Auflauf streuen und den Ricotta darauf verteilen. Den Auflauf im Ofen auf der zweiten Schiene von unten 35 bis 40 Minuten backen.

5 Den restlichen Knoblauch schälen, fein hacken und mit dem Olivenöl, der Zitronenschale und der Petersilie mischen. Die Gremolata über dem fertigen Auflauf verteilen und servieren.

TIPP *Bei der Gremolata sind Ihrer Fantasie keine Grenzen gesetzt: Ersetzen Sie für eine mediterrane Variante zum Beispiel die Petersilie durch zerdrückten Fenchel und mischen Sie gehackte und geröstete Pinienkerne unter.*

Cannelloni

mit Ricotta-Gorgonzola-Füllung

ZUBEREITUNG // 🕐 25 min // 🍳 15 min

1 Die Cannelloni in reichlich kochendem Salzwasser nach Packungsanweisung bissfest garen. Die Walnüsse ohne Fett anrösten. Herausnehmen, abkühlen lassen und grob hacken.

2 Den Ricotta durch ein Sieb streichen. Den Gorgonzola mit einer Gabel zerdrücken und mit dem Ricotta mischen. Die Kräuter waschen und trocken schütteln, die Blätter abzupfen und fein schneiden. Die Petersilie, die Hälfte des Thymians und die Hälfte der Nüsse unter die Käsemasse mischen. So viel Milch dazugeben, dass eine spritzfähige

Masse entsteht. Mit Salz und Pfeffer würzen und die Käsemasse in einen Spritzbeutel mit großer Lochtülle füllen.

3 Den Backofen auf 200 °C vorheizen. Eine Auflaufform (17 x 26 cm) einfetten. Die Nudeln herausheben, abschrecken und trocken tupfen, mit der Käsemasse füllen und in die Form legen. Parmesan, Walnussöl, restliche Walnüsse und restlichen Thymian mischen und auf den Nudeln verteilen. Mit den Butterflöckchen belegen und im Ofen auf der mittleren Schiene etwa 15 Minuten überbacken.

ZUTATEN FÜR 4 PERSONEN

8 Cannelloni

Salz

60 g Walnusskerne

750 g Ricotta

200 g Gorgonzola

½ Bund Thymian

1 Bund Petersilie

etwas Milch

Pfeffer aus der Mühle

Butter für die Form

40 g geriebener Parmesan

2 EL Walnussöl

3 EL Butterflöckchen

ZUTATEN FÜR 4 PERSONEN

12 Lasagneplatten · Salz

600 g Mangold

2 Schalotten

1 Knoblauchzehe

1 EL Butter

Pfeffer aus der Mühle

frisch geriebene Muskatnuss

600 g Kalbsbrät (oder feines
Bratwurstbrät)

40 g Sahne

½ TL abgeriebene Bio-Zitronenschale

½ TL milde Chiliflocken

Tomatensauce
(Rezept siehe S. 38)

2 Kugeln Mozzarella (à 125 g; gewürfelt)

100 g geriebener Parmesan

Mangoldrollen
mit Tomatensauce

ZUBEREITUNG // 🕐 25 min // ▦ 20 min

1 Die Lasagneplatten in reichlich kochendem
Salzwasser nach Packungsanweisung garen,
herausheben, abschrecken und trocken tupfen.

2 Den Mangold in Blätter teilen und waschen.
Die Blätter von den Stielen schneiden und in
kochendem Salzwasser kurz blanchieren. (Die
Stiele anderweitig verwenden.) Abgießen, kalt
abschrecken, gut ausdrücken und grob hacken.

3 Die Schalotten und den Knoblauch schälen, in
feine Würfel schneiden und in der heißen Butter andünsten. Den Mangold unterrühren und
mit Salz, Pfeffer und Muskatnuss würzen.

4 Das Kalbsbrät mit der Sahne verrühren. Mit
Salz, Pfeffer, Muskatnuss, Zitronenschale und
Chiliflocken würzen. Die Nudelplatten gleich-
mäßig damit bestreichen. Auf den unteren
Teil jeweils etwas Mangold geben und die
Lasagneplatten zu Cannelloni aufrollen.

5 Den Backofen auf 200 °C vorheizen. Die Tomatensauce in einer Auflaufform (17 x 26 cm)
verteilen und die Mangoldrollen hineinsetzen.
Den Mozzarella und den Parmesan darüber
verteilen und das Ganze im Ofen auf der mittleren Schiene etwa 20 Minuten überbacken.

Schnelle Spinatlasagne

mit Ziegenkäse

ZUTATEN FÜR 4 PERSONEN

6 Lasagneplatten

Salz

500 g Blattspinat

2 Schalotten

2 Knoblauchzehen

2 EL Olivenöl

Pfeffer aus der Mühle

frisch geriebene Muskatnuss

300 g Ziegenfrischkäse

100 g geriebener Bergkäse

3–4 EL Milch

4–5 Zweige Thymian

2–3 Stiele Petersilie

3 Fleischtomaten

Butter für die Form

40 g geriebener Parmesan

3 EL Butterflöckchen

ZUBEREITUNG // 🕐 25 min // ▦ 10 min

1 Die Lasagneplatten in reichlich kochendem Salzwasser nach Packungsanweisung bissfest garen, herausheben, kalt abschrecken und trocken tupfen.

2 Den Spinat verlesen, waschen und in einem Sieb abtropfen lassen, grobe Stiele entfernen. Die Schalotten und den Knoblauch schälen und in feine Würfel schneiden. Das Olivenöl in einer Pfanne erhitzen, die Schalotten und den Knoblauch darin andünsten. Den Spinat hinzufügen und zusammenfallen lassen. Mit Salz, Pfeffer und Muskatnuss würzen und beiseitestellen.

3 Den Backofen auf 220 °C vorheizen. Den Ziegenfrischkäse und den Bergkäse mit der Milch verrühren. Die Kräuter waschen und trocken schütteln, die Blätter abzupfen, fein schneiden und unter die Käsecreme rühren. Mit Salz und Pfeffer abschmecken. Die Tomaten waschen und in Scheiben schneiden, dabei die Stielansätze entfernen.

4 Eine rechteckige tiefe Auflaufform (17 x 26 cm) einfetten. 4 Tomatenscheiben mit Abstand hineinlegen und mit Salz und Pfeffer würzen. Die Lasagneplatten quer halbieren und auf jede Tomatenscheibe 1 Nudelstück legen. Die Hälfte des Spinats und die Hälfte der Käsecreme darauf verteilen. Jeweils 1 Nudelstück und 1 Tomatenscheibe darauflegen, mit Salz und Pfeffer bestreuen. Den restlichen Spinat und die Käsecreme daraufgeben und mit den restlichen Nudelstücken bedecken. Den Parmesan darüberstreuen und die Türmchen mit den Butterflöckchen belegen. Die Gemüselasagne im Ofen auf der mittleren Schiene etwa 10 Minuten überbacken.

TIPP *Im Winter können Sie für diese Lasagne auch Wurzelspinat verwenden. Er hat dickere Blätter und Stiele. Beim Putzen einfach die Blätter von den groben Stielen abzupfen. Wurzelspinat ist meist sandig, deshalb bitte sehr gründlich waschen.*

Lasagne

mit Parmaschinken

12 Lasagneplatten

Salz

100 g schwarze Oliven (ohne
Stein)

8 Zweige Thymian

500 g Ricotta

60 g geriebener Parmesan

5 Eigelb

Pfeffer aus der Mühle

2 EL Olivenöl

12 dünne Scheiben Parma-
schinken

4 El Butterflöckchen

ZUBEREITUNG // 🕐 25 min // ▦ 20 min

1 Die Lasagneplatten in reichlich kochendem Salzwasser nach
Packungsanweisung bissfest garen, herausheben, kalt abschrecken
und trocken tupfen. Den Backofen auf 170 °C Umluft vorheizen.

2 Die Oliven in Würfel schneiden. Den Thymian waschen, trocken
schütteln und die Blätter abzupfen. Den Ricotta mit einem Drittel
des Parmesans verrühren und mit Oliven, Thymian, den Eigelben
sowie Salz und Pfeffer mischen. Eine tiefe Auflaufform
(17 x 26 cm) mit Backpapier auslegen, dieses mit Olivenöl bestreichen und die Form mit Parmaschinken auslegen.

3 Den Boden der Auflaufform mit einer Schicht Nudeln bedecken.
1 bis 2 EL Ricottamasse daraufgeben und darauf die nächste
Schicht Lasagneplatten legen. Auf diese Weise alle Lasagneplatten
und den Ricotta aufbrauchen. Mit dem restlichen Parmesan bestreuen und die Butterflöckchen darauf verteilen.

4 Die Lasagne im Ofen auf der mittleren Schiene etwa 20 Minuten
backen. Herausnehmen, das Backpapier entfernen und die Lasagne in Stücke geschnitten servieren.

Makkaroni
im Schinkenmantel

ZUTATEN FÜR 4 PERSONEN

300 g kurze Makkaroni
Salz
Butter für die Förmchen
4 Scheiben gekochter Schinken
6 Zweige Thymian
200 ml Milch
2 Eigelb
4 Eier
2 EL Crème fraîche
Pfeffer aus der Mühle
40 g geriebener Parmesan

ZUBEREITUNG // 🕐 20 min // 🍳 20 min

1 Die Makkaroni in reichlich Salzwasser sehr bissfest garen. In ein Sieb abgießen, kalt abschrecken und abtropfen lassen.

2 Vier Souffléförmchen (à 9 cm Durchmesser) einfetten und mit je 1 Scheibe Schinken bis zum Rand auslegen. Die Makkaroni senkrecht stehend in den Förmchen verteilen. Den Backofen auf 200 °C vorheizen.

3 Den Thymian waschen, trocken schütteln und die Blättchen abzupfen. Milch, Eigelbe, Eier und Crème fraîche verquirlen. Mit Salz und Pfeffer würzen und die Thymianblättchen untermischen. Die Nudeln mit der Masse übergießen, mit Parmesan bestreuen und im Ofen auf der mittleren Schiene etwa 20 Minuten backen.

4 Die Makkaroni herausnehmen und kurz abkühlen lassen. Nach Belieben mit einem Messer von der Form lösen, stürzen und mit der gratinierten Seite nach oben auf Teller setzen. Dazu passt ein grüner Salat, z.B. Rucolasalat.

Kürbis-Auberginen-Cannelloni
mit Cocktailtomaten

ZUTATEN FÜR 4 PERSONEN

Für die Cannelloni

1 Aubergine

Salz

500 g Kürbisfruchtfleisch

1 Zwiebel

2–3 Knoblauchzehen

5–6 EL Olivenöl

125 ml Gemüsebrühe

2 Eier

100 g Frischkäse

Pfeffer aus der Mühle

frisch geriebene Muskatnuss

10 g frisch geriebener Ingwer

250 g Cannelloni

400 g Cocktailtomaten

Für die Tomatensauce

1 rote Zwiebel

2 Knoblauchzehen

2 EL Olivenöl

1 kleine Dose stückige Tomaten
(240 g Abtropfgewicht)

Chilipulver

Außerdem

Butter für die Form

Basilikumblätter zum Bestreuen

1 Für die Cannelloni die Aubergine putzen, waschen und in kleine Würfel schneiden. Salzen und 30 Minuten Wasser ziehen lassen. Die Auberginenwürfel waschen und mit Küchenpapier trocken tupfen.

2 Inzwischen den Kürbis in mundgerechte Stücke schneiden. Die Zwiebel und den Knoblauch schälen und in feine Würfel schneiden. Zwiebel und Knoblauch in 2 EL heißem Öl andünsten, den Kürbis dazugeben und kurz mitdünsten. Die Brühe angießen und den Kürbis zugedeckt etwa 10 Minuten weich garen, dabei gelegentlich umrühren.

3 Die Auberginenscheiben im übrigen Öl auf beiden Seiten anbraten, herausnehmen. Den Kürbis mit einer Gabel zerdrücken und unter die Auberginen mischen. Die Eier und den Frischkäse verquirlen, die Mischung unter das Gemüse rühren und mit Salz, Pfeffer, Muskatnuss und 1 Prise Ingwer abschmecken.

4 Für die Tomatensauce die Zwiebel und den Knoblauch schälen, in feine Würfel schneiden und im Olivenöl andünsten. Die Tomaten und 200 ml Wasser dazugeben, mit Salz, Pfeffer und 1 Prise Chilipulver würzen. Die Tomatensauce 15 Minuten einkochen lassen.

5 Den Backofen auf 200 °C vorheizen. Eine rechteckige tiefe Auflaufform (17 x 26 cm) einfetten. Die Cannelloni mit der Kürbismasse füllen, nebeneinander in die Form schichten und mit der Tomatensauce übergießen.

6 Die Tomaten waschen und halbieren. Die Cannelloni mit den Tomaten belegen, mit Salz und Pfeffer würzen und im Ofen auf der mittleren Schiene 40 bis 45 Minuten backen. Mit Basilikum bestreuen und servieren.

INFO *Eine beliebte Kürbissorte ist der Hokkaido, bei dem die Schale nach Belieben mitgegessen werden kann. Er hat ein mildes, angenehm nussiges Aroma.*

Rahmnudel-Auflauf
mit Pilzen und Gemüse

ZUBEREITUNG // 🕐 20 min // 🍳 35 min

1 Die Orecchiette in reichlich kochendem Salz-wasser nach Packungsanweisung bissfest garen. In ein Sieb abgießen und abtropfen lassen.

2 Die Zwiebel schälen und in feine Ringe schnei-den. Die Möhre und die Petersilienwurzel put-zen, schälen, längs halbieren und in Scheiben schneiden. Den Lauch putzen, waschen und in Ringe schneiden. Die Champignons putzen, trocken abreiben und in Scheiben schneiden. Den Speck in Streifen schneiden. Den Back-ofen auf 200 °C vorheizen. Eine rechteckige tiefe Auflaufform (17 x 26 cm) einfetten.

3 Die Butter in einer Pfanne zerlassen, die Zwie-bel und den Speck darin anbraten. Erst die Pilze, dann die Möhre und die Petersilienwur-zel hinzufügen und mitbraten. Mit der Brühe ablöschen und dünsten, bis die Flüssigkeit verdampft ist. Zuletzt den Lauch unterheben und das Gemüse mit Salz und Pfeffer würzen.

4 Die Nudeln mit dem Gemüse mischen und in die Form füllen. Crème fraîche, Milch und Eier verrühren, mit Salz und Pfeffer würzen und über die Nudeln gießen. Im Ofen auf der mitt-leren Schiene etwa 35 Minuten backen.

ZUTATEN FÜR 4 PERSONEN

350 g Orecchiette · Salz

1 Zwiebel

1 Möhre

1 Petersilienwurzel

1 Stange Lauch

400 g Champignons

50 g Frühstücksspeck (in Scheiben)

Öl für die Form

1 EL Butter

100 ml Gemüsebrühe

Pfeffer aus der Mühle

250 g Crème fraîche

150 ml Milch

3 Eier

ZUTATEN FÜR 4 PERSONEN

2 Zwiebeln

1 Knoblauchzehe

2 EL Olivenöl

1 große Dose stückige Tomaten
(480 g Abtropfgewicht)

Salz · Pfeffer aus der Mühle

500 g frische Ravioli (mit Käsefüllung;
aus dem Kühlregal)

60 g getrocknete Tomaten (in Öl)

2 Kugeln Mozzarella (à 125 g)

4 EL Basilikum-Pesto
(aus dem Glas)

Ravioli-Gratin
mit Pesto

ZUBEREITUNG // 🕐 25 min // ▤ 10 min

1 Die Zwiebeln und den Knoblauch schälen
und in feine Würfel schneiden. Das Öl in
einem Topf erhitzen, die Zwiebeln und den
Knoblauch darin andünsten. Die Dosentomaten hinzufügen und zugedeckt bei schwacher Hitze etwa 15 Minuten köcheln lassen.
Mit Salz und Pfeffer würzen.

2 Den Backofen auf 220 °C vorheizen. Die
Ravioli in leicht siedendem Salzwasser nach
Packungsanweisung gar ziehen lassen. Mit
dem Schaumlöffel herausnehmen und abtropfen lassen.

3 Die Tomaten in kleine Würfel schneiden. Den
Mozzarella in Scheiben schneiden.

4 Die Böden von vier Mini-Auflaufförmchen
(à 14 cm Durchmesser) mit je 1 EL Pesto bestreichen und die Tomatenwürfel darauf verteilen. Die Ravioli daraufgeben, mit der Sauce
übergießen und mit dem Mozzarella belegen.

5 Die Ravioli-Gratins im Ofen auf der mittleren
Schiene etwa 10 Minuten überbacken. Nach
Belieben mit Basilikum garniert servieren.

Tortelloni-Auflauf
mit Paprika und Mais

ZUTATEN FÜR 4 PERSONEN

1 Dose Maiskörner (285 g
Abtropfgewicht)
2–3 grüne Paprikaschoten
2 Zwiebeln
1–2 Knoblauchzehen
2 EL Olivenöl
1 kleine Dose stückige Tomaten
(240 g Abtropfgewicht)
Salz · Pfeffer aus der Mühle
2 EL scharfes Ajvar
600 g Tortelloni (mit vege-
tarischer Füllung, z.B. Käse
oder Spinat-Ricotta; aus dem
Kühlregal)
Butter für die Form
250 g Sahne
50 g Crème fraîche
75 g geriebener Käse
(z.B. Emmentaler)
2 Eier
1 TL Paprikapulver (edelsüß)

ZUBEREITUNG // 🕐 15 min // 📟 35 min

1 Den Backofen auf 180 °C Umluft vorheizen. Den Mais in ein Sieb abgießen und abtropfen lassen. Die Paprikaschoten längs halbieren, entkernen, waschen und in mundgerechte Stücke schneiden.

2 Die Zwiebeln und den Knoblauch schälen und in feine Würfel schneiden. Das Öl in einer Pfanne erhitzen und die Zwiebel- und Knoblauchwürfel darin andünsten. Die Paprikastücke und die Tomaten dazugeben und 3 Minuten köcheln lassen, dann den Mais dazugeben. Das Gemüse mit Salz und Pfeffer würzen und das Ajvar unterrühren. Die Pfanne vom Herd nehmen.

3 Die Tortelloni in reichlich kochendem Salzwasser nach Packungsanweisung garen, in ein Sieb abgießen und abtropfen lassen.

4 Eine rechteckige tiefe Auflaufform (17 x 26 cm) einfetten. Die Nudeln und das Gemüse mischen und in der Form verteilen. Die Sahne in einer Schüssel mit der Crème fraîche, dem Käse und den Eiern verquirlen und mit Salz, Pfeffer und Paprikapulver würzen. Die Nudeln mit der Eiersahne übergießen und den Tortelloni-Auflauf im Ofen auf der mittleren Schiene 30 bis 35 Minuten goldbraun überbacken. Dazu passt ein grüner Salat (siehe S. 26).

Makkaroni-Käse-Auflauf
mit Hackfleisch

ZUTATEN FÜR 4 PERSONEN

400 g Makkaroni · Salz
1 Zwiebel
2 Knoblauchzehen
4 Tomaten
2 Zucchini
½ Handvoll frischer Oregano
Butter für die Form
3 EL Olivenöl
700 g gemischtes Hackfleisch
Pfeffer aus der Mühle
300 g Sahne · 4 Eier
350 g geriebener Käse
(z.B. pikanter Gouda)

ZUBEREITUNG // 🕐 30 min // ▦ 35 min

1 Die Nudeln in reichlich Salzwasser nach Packungsanweisung bissfest garen, in ein Sieb abgießen und abtropfen lassen. Zwiebel und Knoblauch schälen und in feine Würfel schneiden. Die Tomaten kreuzweise einritzen, überbrühen, häuten, vierteln und entkernen. Das Fruchtfleisch in Würfel schneiden. Die Zucchini waschen und in 4 mm breite Stifte schneiden. Oregano waschen und trocken schütteln, die Blättchen abzupfen und fein hacken.

2 Den Backofen auf 180 °C vorheizen. Eine tiefe Auflaufform (17 x 26 cm) einfetten. Das Hackfleisch im heißen Olivenöl krümelig anbraten. Zwiebel und Knoblauch, dann Tomatenwürfel und Oregano hinzufügen und mit Salz und Pfeffer würzen.

3 Sahne und Eier verquirlen und mit Salz und Pfeffer würzen. Die Hälfte der Nudeln kreisförmig in die Form legen und mit etwas Käse bestreuen. Die Zucchini daraufgeben, die Hälfte der Eiersahne darübergießen, das Hackfleisch darauf verteilen und mit Käse bedecken. Die restlichen Makkaroni, die übrige Eiersahne und den übrigen Käse einschichten. Den Auflauf im Ofen auf der mittleren Schiene etwa 35 Minuten goldgelb backen.

Nudelauflauf

mit Brokkoli und Schinken

ZUTATEN FÜR 4 PERSONEN

400 g Penne

Salz

300 g Brokkoliröschen

150 g grüner Spargel

Öl für die Form

200 g gekochter Schinken

2 Kugeln Mozzarella (à 125 g)

2 Eier

100 g Sahne

50 g Crème fraîche

Pfeffer aus der Mühle

2 EL gehackte Petersilie

ZUBEREITUNG // 🕐 40 min // 🍳 30 min

1   Die Nudeln in reichlich kochendem Salzwasser nach Packungs-anweisung bissfest garen. In ein Sieb abgießen und abtropfen lassen. Den Brokkoli putzen und waschen. Den Spargel waschen und im unteren Drittel schälen, die holzigen Enden abschneiden und die Spargelstangen in etwa 5 cm lange Stücke schneiden. Spargel und Brokkoli in kochendem Salzwasser 2 Minuten blanchieren. In ein Sieb abgießen, kalt abschrecken und gut abtropfen lassen.

2   Den Backofen auf 200 °C vorheizen. Eine flache Auflaufform (28 cm Länge) einfetten. Den Schinken in kleine Würfel schnei-den. Den Mozzarella in Würfel schneiden. Die Eier mit der Sahne und der Crème fraîche verquirlen. Mit Salz und Pfeffer würzen und die Petersilie unterrühren.

3   Das Gemüse, den Schinken und die Nudeln mit der Eiersahne mischen und in die Form füllen. Den Mozzarella darüber verteilen und den Auflauf im Ofen auf der mittleren Schiene etwa 30 Minuten goldbraun backen.

Mein Lieblingsrezept

mit Nudeln

NUDELAUFLAUF MIT PILZEN, PANCETTA UND RUCOLA

🕐 30 min // 🍽 30 min // Für 4 Personen

1 10 g getrocknete Steinpilze in 200 ml heißer Milch einweichen. 300 g kurze Nudeln bissfest garen, in den letzten 3 Minuten 150 g Erbsen dazugeben. Abgießen, abschrecken und abtropfen lassen. Die Steinpilzmilch abgießen, die Pilze fein hacken und die Milch beiseitestellen.

2 1 Bund Frühlingszwiebeln putzen, waschen und schräg in 1 bis 2 cm lange Stücke schneiden. 500 g Pilze (z.B. Austernpilze, Pfifferlinge, Champignons) putzen, evtl. kleiner schneiden. 1 Knoblauchzehe schälen und in feine Würfel schneiden. 100 g Pancetta (in Scheiben) quer in Streifen schneiden.

3 Pancettastreifen in 1 EL Öl braten, frische Pilze dazugeben und kräftig anbraten. Frühlingszwiebeln, Steinpilze, Knoblauch und 2 EL gehackte Petersilie kurz mitbraten.

4 4 Eier und die Steinpilzmilch verquirlen und mit Salz, Pfeffer und Muskatnuss würzen. 80 g geriebenen Bergkäse und das Pilzgemüse mit den Nudeln mischen, in einer gefetteten Auflaufform (26 cm Durchmesser) verteilen und die Eiermilch darübergießen. 50 g Bergkäse darüberstreuen, Pancettamischung darauf verteilen. Den Auflauf im auf 180° C vorgeheizten Ofen auf der zweiten Schiene von unten 25 bis 30 Minuten backen.

5 Den Auflauf herausnehmen. Eine Handvoll Rucola waschen, trocken schütteln, etwas kleiner zupfen und über den Auflauf streuen.

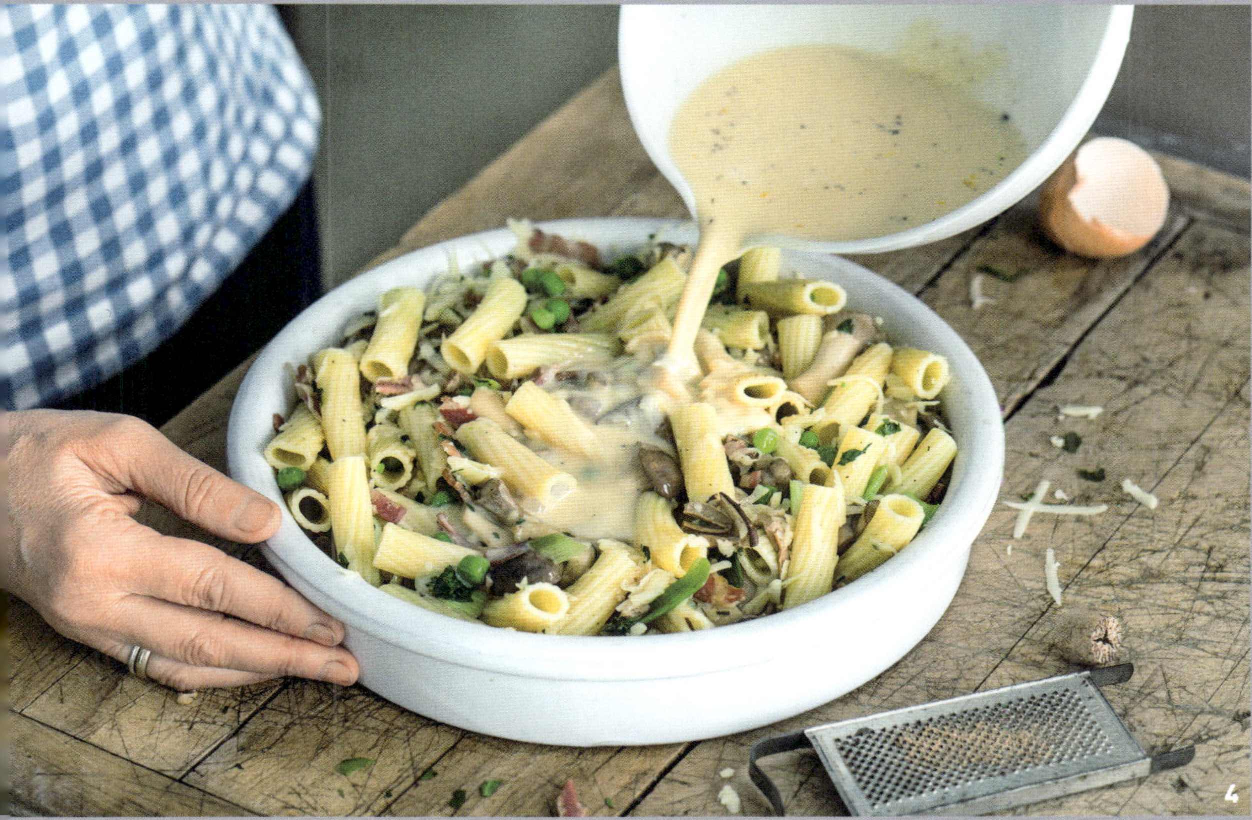
4

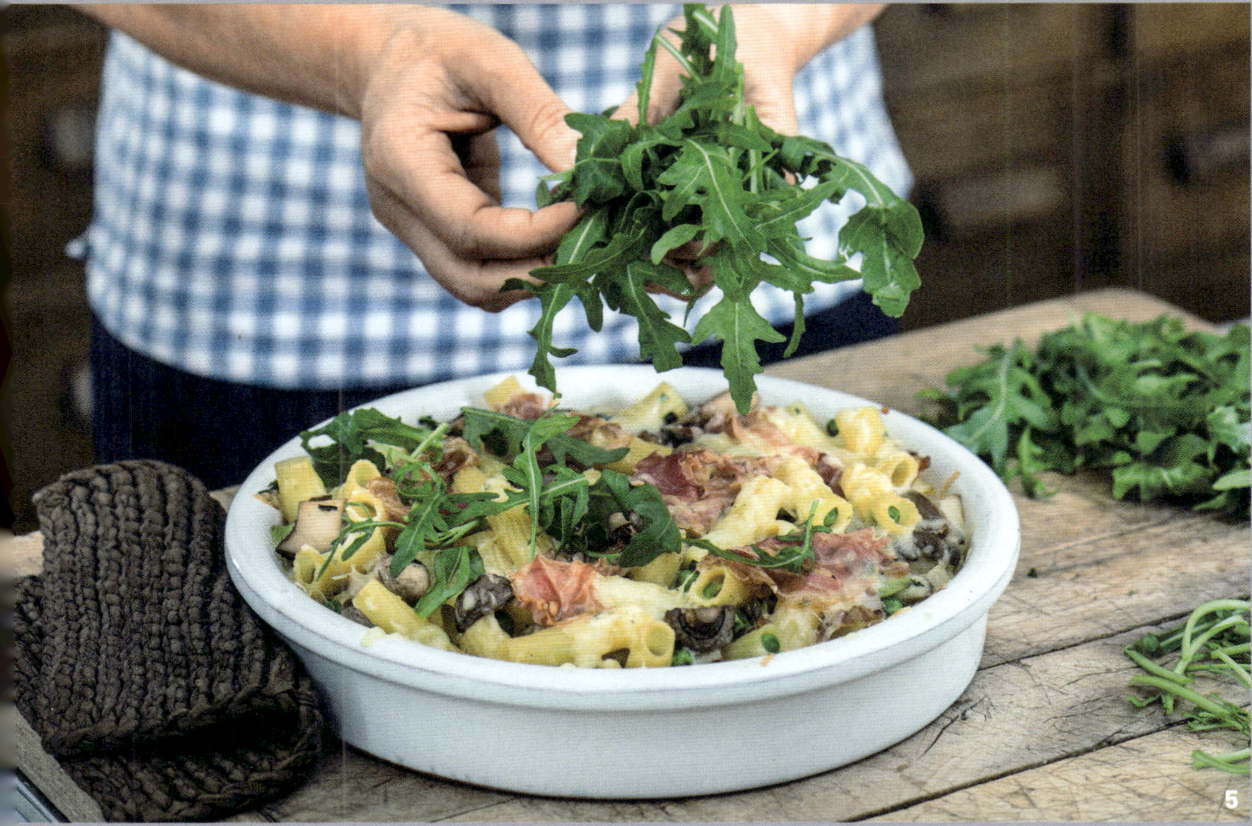
5

Nudelfleckerl-Auflauf
mit Weißkraut und Schinken

ZUBEREITUNG // 🕐 30 min // 🍳 30 min

1 Vom Kohl die äußeren Blätter entfernen, den Kohl halbieren und den Strunk herausschneiden. In die einzelnen Blätter teilen, grobe Blattrippen entfernen und die Blätter in etwa 5 cm große Rauten schneiden.

2 Die Zwiebel schälen, in feine Würfel schneiden und im heißen Butterschmalz andünsten. Den Puderzucker dazugeben, kurz mitschwitzen und mit dem Essig ablöschen. Das Kraut und den Kümmel hinzufügen und zugedeckt bei mittlerer Hitze etwa 15 Minuten schmoren. Mit Salz und Pfeffer würzen.

3 Den Backofen auf 180 °C Umluft vorheizen. Eine tiefe Auflaufform (17 x 26 cm) einfetten. Die Sahne mit den Eiern verquirlen und mit Salz, Pfeffer und Muskatnuss würzen.

4 Die Lasagneplatten halbieren und in reichlich kochendem Salzwasser 2 bis 3 Minuten sehr bissfest garen. Abgießen, abtropfen lassen und abwechselnd mit Kraut, der Hälfte des Käses und dem Schinken in die Form schichten. Mit der Eiersahne übergießen und mit dem restlichen Käse bestreuen. Im Ofen auf der mittleren Schiene etwa 30 Minuten backen.

ZUTATEN FÜR 4 PERSONEN

1 kleiner Weißkohl

1 Zwiebel

2 EL Butterschmalz

1 TL Puderzucker

2–3 EL Weinessig

1 TL ganzer Kümmel

Salz · Pfeffer aus der Mühle

Öl für die Form

200 g Sahne

2 Eier

frisch geriebene Muskatnuss

400 g Lasagneplatten

120 g geriebener Emmentaler

200 g gekochter Schinken (in Würfeln)

ZUTATEN FÜR 4–6 PERSONEN

500 g Hörnchennudeln

Salz

200 g Kräuterfrischkäse

200 g Sahne

2 Eigelb

Pfeffer aus der Mühle

200 g rohe Schinkenwürfel

3 EL Butterflöckchen

100 g geriebener Gouda

Nudel-Käse-Auflauf

mit gekochtem Schinken

ZUBEREITUNG // 🕐 15 min // ▦ 30 min

1 Die Nudeln in reichlich kochendem Salzwasser nach Packungsanweisung bissfest garen, in ein Sieb abgießen und abtropfen lassen.

2 In der Zwischenzeit den Frischkäse in einer Schüssel mit der Sahne und den Eigelben glatt rühren und mit Pfeffer würzen.

3 Den Backofen auf 180 °C vorheizen. Die abgetropften Nudeln mit dem Schinken mischen und in eine rechteckige tiefe Auflaufform (24 x 32 cm) füllen.

4 Die Butterflocken darüber verteilen und die Nudeln mit der Frischkäsemischung übergießen. Mit dem geriebenen Gouda bestreuen und im Ofen auf der mittleren Schiene 25 bis 30 Minuten backen, bis der Käse goldbraun ist. Dazu passt ein grüner Salat (siehe S. 26).

MIT FLEISCH

Hackfleisch-Kartoffel-Auflauf
mit Pilzen und Mandeln

ZUTATEN FÜR 4 PERSONEN

3 Zwiebeln · 2 Möhren

1 gelbe Paprikaschote

3 Tomaten

250 g Champignons · 2 EL Öl

500 g Rinderhack

Salz · Pfeffer aus der Mühle

Zucker

1 EL getrockneter Oregano

½ TL Zimtpulver

2 EL Tomatenmark

5 EL Sahne

400 g vorwiegend festkochende
Kartoffeln

Butter für die Form

2 Eier · 250 g Naturjoghurt

frisch geriebene Muskatnuss

150 g geriebener Gouda

Mandelblättchen zum Bestreuen

Basilikumblätter zum Garnieren

ZUBEREITUNG // ⏱ 35 min // ▦ 45 min

1 Die Zwiebeln schälen und in feine Würfel schneiden. Die Möhren putzen und schälen, die Paprikaschote halbieren, entkernen, waschen und alles ebenfalls in kleine Würfel schneiden. Die Tomaten kreuzweise einritzen, überbrühen, häuten, vierteln, entkernen und in kleine Würfel schneiden. Die Champignons putzen, trocken abreiben und in Scheiben schneiden.

2 Das Öl in einem Topf erhitzen und die Zwiebelwürfel darin glasig dünsten. Das Hackfleisch dazugeben und unter Rühren krümelig braten. Möhren, Paprika und Champignons hinzufügen und mitbraten. Mit Salz, Pfeffer, 1 Prise Zucker, Oregano und Zimt würzen. Die Tomatenwürfel dazugeben und Tomatenmark und Sahne unterrühren. Alles zugedeckt bei mittlerer Hitze 10 bis 15 Minuten dünsten.

3 Den Backofen auf 200 °C vorheizen. Die Kartoffeln schälen, waschen und in feine Scheiben hobeln. Eine tiefe Auflaufform (17 x 26 cm) einfetten. Abwechselnd Hackfleisch-Gemüse-Mischung und Kartoffeln in die Form schichten und mit einer Lage Kartoffeln abschließen.

4 Die Eier mit dem Joghurt verrühren, mit Salz, Pfeffer und Muskatnuss würzen und über den Auflauf gießen. Den Käse darüberstreuen und den Auflauf im Ofen auf der mittleren Schiene etwa 35 Minuten backen. Dann mit den Mandelblättchen bestreuen und 10 weitere Minuten backen. Den Auflauf in Stücke geschnitten und mit Basilikumblättern garniert servieren.

TIPP *Diesen Auflauf können Sie toll auf Vorrat zubereiten und abgekühlt und zugedeckt einfrieren. Zum Auftauen etwa 30 Minuten bei Zimmertemperatur warm werden lassen und im Backofen bei 150 °C etwa 20 Minuten erwärmen.*

Hackfleischauflauf
mit Kartoffelpüreehaube

ZUBEREITUNG // ⏱ 30 min // ▦ 20 min

1 Die Kartoffeln schälen, waschen und in kochendem Salzwasser weich garen. Die Erbsen auftauen lassen. Die Möhren putzen, schälen und in kleine Würfel schneiden. In kochendem Salzwasser etwa 8 Minuten blanchieren. In ein Sieb abgießen und abtropfen lassen.

2 Eine tiefe Auflaufform (28 cm Länge) einfetten. Die Zwiebel schälen und in feine Würfel schneiden. Das Öl in einem Topf erhitzen und das Hackfleisch darin unter Rühren krümelig braten. Die Zwiebelwürfel hinzufügen und kurz mitbraten.

3 Das Tomatenmark unterrühren und die Brühe dazugießen. Erbsen und Möhrenwürfel hinzufügen, alles etwa 10 Minuten zugedeckt köcheln lassen und dann in die Form füllen.

4 Den Backofen auf 200 °C vorheizen. Die Kartoffeln abgießen, mit dem Kartoffelstampfer zerdrücken und mit Butter und Milch zu einem Püree verarbeiten. Mit Salz, Pfeffer und Muskatnuss würzen. Das Kartoffelpüree auf dem Hackfleisch verteilen, den Käse darüberstreuen und den Auflauf im Ofen auf der mittleren Schiene 20 Minuten überbacken.

ZUTATEN FÜR 4 PERSONEN

600 g mehligkochende Kartoffeln

Salz

150 g Erbsen (tiefgekühlt)

2 Möhren

Fett für die Form

1 Zwiebel

2 EL Öl

600 g gemischtes Hackfleisch

1 EL Tomatenmark

50 – 100 ml Gemüsebrühe

2 EL Butter

150 ml heiße Milch

Pfeffer aus der Mühle

frisch geriebene Muskatnuss

150 g geriebener alter Gouda

ZUTATEN FÜR 4 PERSONEN

350 g Knollensellerie

100 g Sahne

3 Wirsingblätter

Salz

1 EL Öl

4 Kalbskoteletts

(à ca. 350 g)

Pfeffer aus der Mühle

50 g Butter

frisch geriebene Muskatnuss

4 EL Weißbrotbrösel

4 EL flüssige Butter

Kalbskotelett

mit Selleriekruste

ZUBEREITUNG // ● 30 min // ▦ 4 min

1 Für die Kruste den Sellerie putzen, schälen und in kleine Würfel schneiden. Die Sahne in einem Topf erhitzen und die Selleriestücke darin zugedeckt etwa 20 Minuten weich garen.

2 Inzwischen die Wirsingblätter waschen, die Blattrippen entfernen und die Blätter in kochendem Salzwasser 6 bis 7 Minuten weich garen. In ein Sieb abgießen, abschrecken, abtropfen lassen, ausdrücken und klein schneiden.

3 Das Öl in einer Pfanne erhitzen und die Koteletts darin auf beiden Seiten braten. Herausnehmen und mit Salz und Pfeffer würzen.

4 Den Sellerie in ein Sieb abgießen und den Kochsud auffangen. Den Sellerie pürieren, dabei so viel Kochsud hinzufügen, bis ein cremiges Püree entsteht. Die Butter und den Wirsing unterrühren und das Selleriepüree mit Salz, Pfeffer und Muskatnuss würzen.

5 Den Backofengrill einschalten. Die Koteletts in eine beliebige Auflaufform setzen und mit der Selleriemasse bestreichen. Mit den Weißbrotbröseln bestreuen und die Butter darüberträufeln. Die Kalbskoteletts unter dem Backofengrill etwa 4 Minuten gratinieren.

Chili-con-Carne-Auflauf
mit Nudeln

ZUTATEN FÜR 4 PERSONEN

1 Zwiebel

3 Knoblauchzehen

1 rote Paprikaschote

1 Möhre

2 EL Olivenöl

400 g Rinderhackfleisch

Salz · Pfeffer aus der Mühle

1 TL gemahlener Kreuzkümmel

½ TL gemahlener Koriander

Chilipulver

ca. 200 ml Fleischbrühe

1 große Dose stückige Tomaten
(480 g Abtropfgewicht)

1 kleine Dose schwarze Bohnen
(240 g Abtropfgewicht)

300 g Penne

Olivenöl für die Form

100 g geriebener Gouda

2 El gehackter Koriander

saure Sahne zum Servieren

ZUBEREITUNG // ● 40 min // ▦ 40 min

1 Die Zwiebel und den Knoblauch schälen und in feine Würfel schneiden. Die Paprikaschote längs halbieren, entkernen, waschen und in kleine Würfel schneiden. Die Möhre putzen, schälen und in kleine Würfel schneiden.

2 Das Olivenöl in einem Topf erhitzen und das Hackfleisch darin krümelig braten, bis es leicht gebräunt ist. Zwiebel, Knoblauch, Möhren und Paprika dazugeben, 2 bis 3 Minuten mitbraten und mit Salz, Pfeffer, Kreuzkümmel, Koriander und 2 Prisen Chilipulver würzen.

3 Die Brühe angießen, die Tomaten hinzufügen und aufkochen. Mit geschlossenem Deckel etwa 15 Minuten kochen lassen, in den letzten 5 Minuten der Kochzeit die abgetropften Bohnen dazugeben. Mit Salz und Pfeffer abschmecken.

4 Inzwischen die Penne in reichlich kochendem Salzwasser nach Packungsanweisung bissfest garen, in ein Sieb abgießen und abtropfen lassen.

5 Den Backofen auf 200 °C vorheizen und eine tiefe Auflaufform (26 cm Durchmesser) einfetten. Die Nudeln in die Form füllen und das Chili con Carne darübergeben. Mit dem Käse bestreuen und im Ofen auf der mittleren Schiene etwa 15 Minuten goldbraun überbacken. Herausnehmen, mit dem Koriander bestreuen und mit einem Klecks saurer Sahne servieren.

TIPP *Für mehr Biss bestreuen Sie den Auflauf vor dem Servieren mit grob zerbröselten Nachos. Passt übrigens auch perfekt als warmes Gericht fürs Partybüfett: Verdoppeln Sie einfach die Zutaten und verwenden Sie zwei separate Auflaufformen.*

Mein Lieblingsrezept
mit Fleisch

ÜBERBACKENE CHICKEN-ENCHILADAS

🕐 25 min // 🍳 15 min // Für 4 Personen

1 1 rote Zwiebel und 2 Knoblauchzehen schälen, in feine Würfel schneiden und in 2 EL Öl andünsten. 1 kleine Dose stückige Tomaten und 200 ml Wasser dazugeben, mit Salz, Pfeffer, Chili und Kreuzkümmel würzen und 15 Minuten einkochen lassen.

2 1 rote Paprikaschote längs halbieren, entkernen, waschen und in Streifen schneiden. 1 Bund Frühlingszwiebeln putzen, waschen und fein würfeln. 500 g Hähnchenbrustfilet waschen, trocken tupfen und fein würfeln. In 1 EL Öl 3 bis 5 Minuten braten, herausnehmen. Das Gemüse in 1 EL Öl unter Rühren anbraten, das Fleisch dazugeben, untermischen und mit Salz, Pfeffer, Chili, Oregano und gemahlenem Kreuzkümmel würzen.

3 30 g mittelalten Gouda fein reiben, 70 g grob raspeln. 100 g Crème fraîche mit 100 g saurer Sahne und dem fein geriebenen Käse verrühren und die Creme mit Salz, Pfeffer und Kreuzkümmel würzen.

4 Die Hälfte der Tomatensauce in einer rechteckigen Auflaufform (24 x 32 cm) verteilen. 6 Tortillas (mit Maismehl) mit der Hähnchen-Gemüse-Mischung belegen, die Seiten etwas einschlagen und die Tortillas aufrollen.

5 In die Form legen, die restliche Tomatensauce und dann die Käsecreme darüber verteilen. Mit dem grob geraspelten Käse bestreuen und im auf 200 °C vorgeheizten Backofen 15 Minuten überbacken. Dazu passen Eissalat und Korianderblätter.

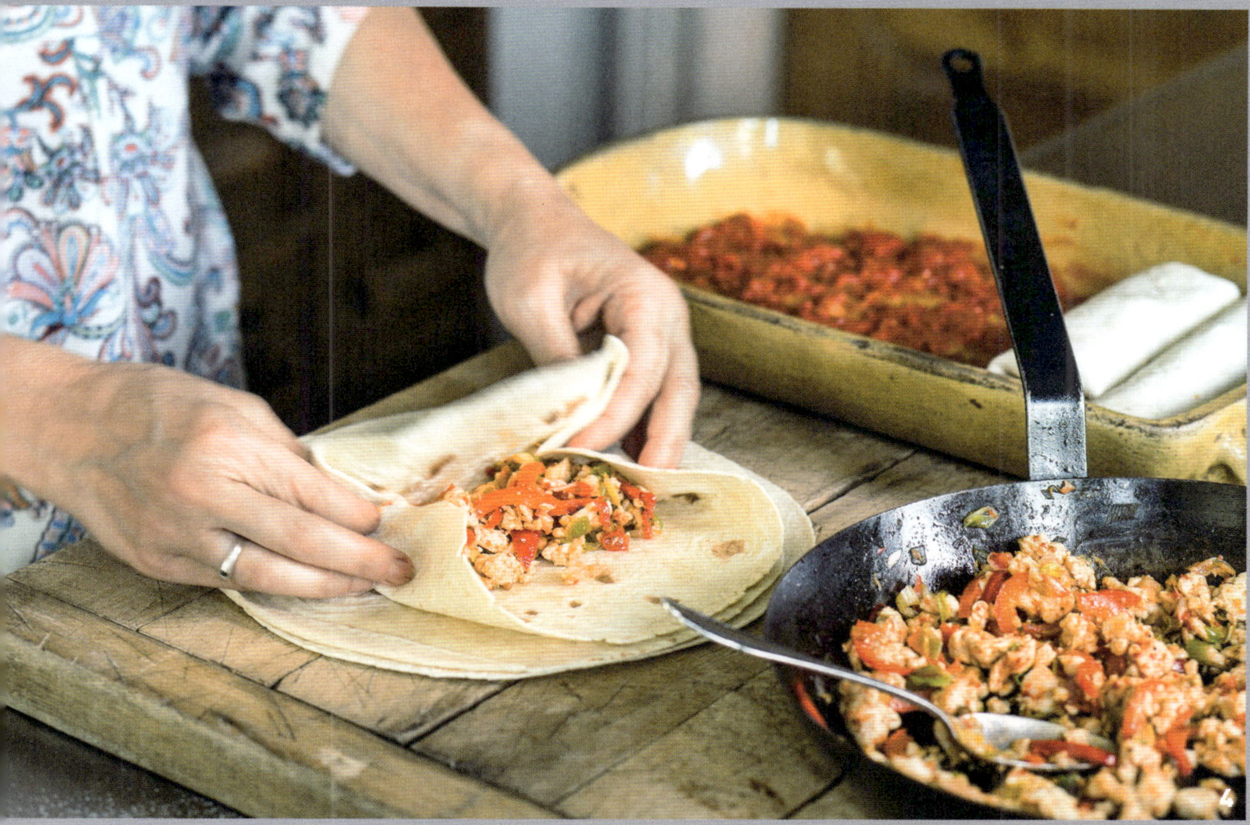
4

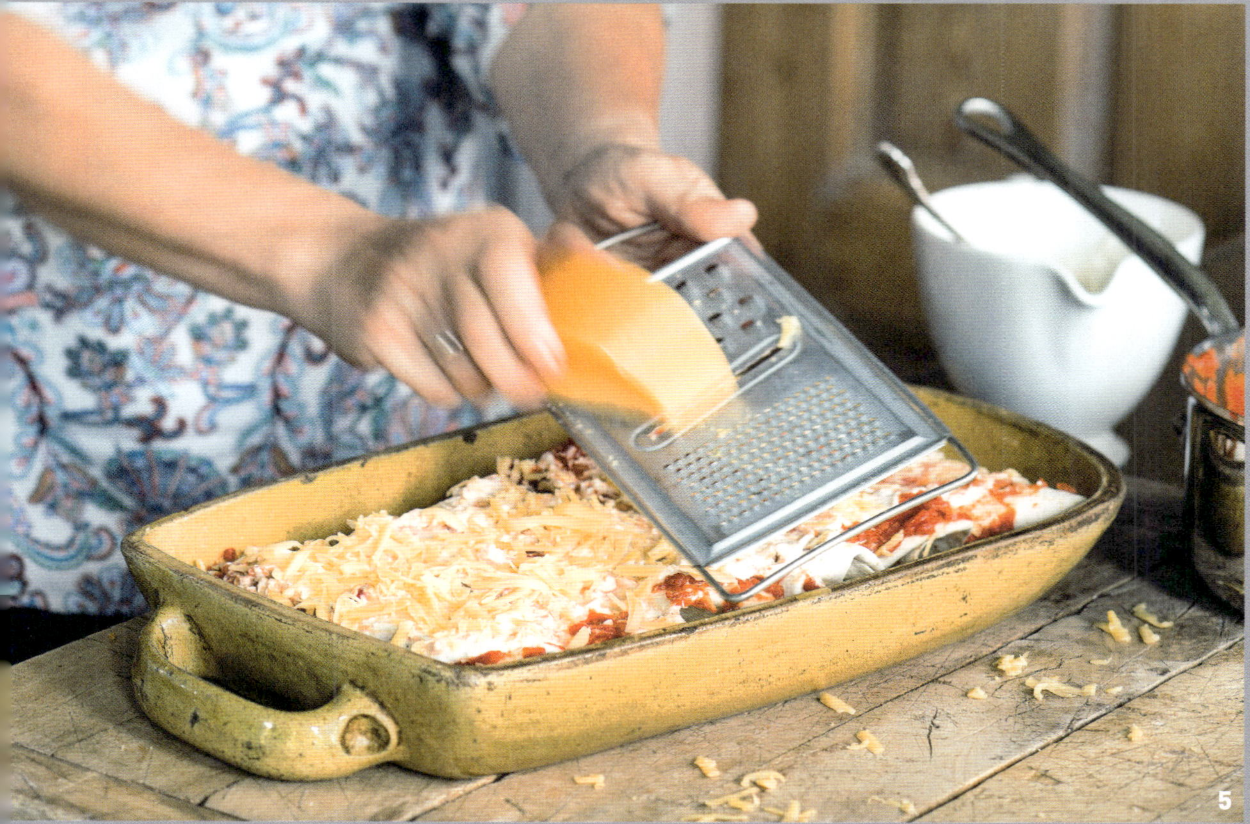
5

Hähnchen-Gratin
mit Möhren und Lauch

ZUBEREITUNG // ⏱ 30 min // ▦ 35 min

1 Die Möhren schälen und in Scheiben schneiden. Den Lauch putzen, waschen und klein schneiden. Möhren und Lauch separat 5 Minuten in kochendem Wasser blanchieren. In ein Sieb abgießen und gut abtropfen lassen.

2 Die Hähnchenbrustfilets waschen und trocken tupfen. In einer Pfanne 3 EL Butter erhitzen und das Fleisch darin rundum goldbraun anbraten. Die Filets herausnehmen und in Scheiben schneiden.

3 Den Backofen auf 150°C vorheizen. Mit der restlichen Butter eine Auflaufform (26 cm Länge) einfetten. Den Lauch in der Form verteilen, mit den Hähnchenfiletscheiben belegen und diese mit den Möhrenscheiben bedecken, dabei jede Schicht mit Salz und Pfeffer würzen.

4 Die Sahne mit der Milch, dem Frischkäse und der Petersilie verquirlen und mit Muskatnuss würzen. Die Sahnemischung gleichmäßig über das Gratin gießen. Im Ofen auf der mittleren Schiene etwa 20 Minuten garen. Das Hähnchen-Gratin mit dem geriebenen Käse bestreuen und weitere 15 Minuten überbacken. Aus dem Ofen nehmen und sofort servieren.

ZUTATEN FÜR 4 PERSONEN

500 g Möhren
2–3 Stangen Lauch
3 Hähnchenbrustfilets
50 g Butter
Salz · Pfeffer aus der Mühle
300 g Sahne
100 ml Milch
100 g Frischkäse
1 EL gehackte Petersilie
frisch geriebene Muskatnuss
75 g geriebener Käse (z. B. Gouda)

ZUTATEN FÜR 4 PERSONEN

4 Hähnchenschenkel

1 Zwiebel

1 Knoblauchzehe

1 Möhre

1 Stange Staudensellerie

300 g Cocktailtomaten

150 g Chorizo

(span. Paprikawurst; am Stück)

2 EL Olivenöl

Salz · Pfeffer aus der Mühle

je 1 kleine Dose weiße und rote Bohnen

(à 240 g Abtropfgewicht)

2 EL Paprikamark

250 ml trockener Weißwein

1 TL frisch gehackter Rosmarin

gehackte Petersilie zum Garnieren

Hähnchenauflauf
mit Chorizo und Bohnen

ZUBEREITUNG // 🕐 25 min // 🍽 25 min

1 Die Hähnchenschenkel waschen, trocken tupfen und am Gelenk trennen. Zwiebel, Knoblauch und Möhre schälen, Sellerie putzen und waschen. Alles in kleine Würfel schneiden. Die Tomaten waschen, die Hälfte davon vierteln.

2 Chorizo in Scheiben schneiden und im heißen Öl kurz anbraten. Herausnehmen und auf Küchenpapier abtropfen lassen. Die Hähnchenteile mit Salz und Pfeffer einreiben, im Bratfett etwa 5 Minuten anbraten und herausnehmen.

3 Den Backofen auf 180 °C Umluft vorheizen. Beide Bohnensorten in ein Sieb abgießen, gut abspülen und abtropfen lassen. Zwiebel-, Knoblauch- und Möhrenwürfel mit dem Sellerie 1 bis 2 Minuten andünsten. Das Paprikamark hinzufügen und den Wein angießen. Den Rosmarin darüberstreuen und die Bohnen dazugeben.

4 Hähnchen, Wurst und Tomaten untermischen, alles mit Salz und Pfeffer würzen und in eine flache Auflaufform (17 x 26 cm) füllen. Im Ofen auf der mittleren Schiene etwa 25 Minuten garen, dabei gelegentlich wenden. Falls nötig, noch etwas Wasser ergänzen. Vor dem Servieren mit der Petersilie bestreuen.

Wurst-Gemüse-Auflauf
mit Blätterteighaube

ZUTATEN FÜR 4 PERSONEN

2 rote Paprikaschoten
400 g kleine gegarte Kartoffeln
2 Zucchini
2 Zwiebeln
2 Knoblauchzehen
8 Wiener Würstchen
1 große Dose Kidneybohnen
(480 g Abtropfgewicht)
2 EL Öl
2 TL Paprikapulver (edelsüß)
250 ml Fleischbrühe
2 EL gehackte Petersilie (oder Thymian)
1–2 EL Zitronensaft
Salz · Pfeffer aus der Mühle
250 g Blätterteig
(auf Backpapier ausgerollt; aus dem Kühlregal)
1 Eigelb

ZUBEREITUNG // 🕐 20 min // ▦ 50 min

1 Die Paprikaschoten längs halbieren, entkernen und waschen. Die Kartoffeln nach Belieben pellen und beides in Würfel schneiden. Die Zucchini putzen, waschen, längs halbieren und in Scheiben schneiden. Die Zwiebeln und den Knoblauch schälen, die Zwiebeln in grobe Würfel, den Knoblauch in feine Würfel schneiden.

2 Die Würstchen in Scheiben schneiden. Die Kidneybohnen in einem Sieb gründlich abspülen und abtropfen lassen. Den Backofen auf 200 °C Umluft vorheizen. Das Öl in einer Pfanne erhitzen und das Gemüse darin 2 bis 3 Minuten andünsten. Die Würstchen hinzufügen und kurz mitbraten, das Paprikapulver dazugeben und die Mischung mit der Brühe ablöschen. Die abgetropften Bohnen dazugeben, die Petersilie unterrühren und mit Zitronensaft, Salz und Pfeffer abschmecken.

3 Die Gemüsemischung in eine tiefe Auflaufform (17 x 26 cm) füllen. Den Teig ausrollen und etwas größer als die Form zurechtschneiden. Die Form mit dem Teig bedecken und die Ränder gut an der Form andrücken. Die Blätterteighaube mehrmals mit einer Gabel einstechen und mit dem verquirlten Eigelb bepinseln. Aus den Teigresten nach Belieben kleine Blättchen schneiden und den Teigdeckel damit verzieren. Die Verzierung mit Eigelb bestreichen und den Auflauf im Ofen auf der mittleren Schiene etwa 50 Minuten goldbraun backen.

TIPP *Ihrem Geschmack und Ihrer Fantasie sind hier keine Grenzen gesetzt, was das Gemüse betrifft: Verwenden Sie statt der Paprikaschoten doch mal Möhren und ersetzen Sie die Bohnen durch Mais aus der Dose oder Tiefkühlerbsen.*

Lammfleisch-Auflauf
mit Béchamelkruste

ZUTATEN FÜR 4 PERSONEN

1 große Aubergine (in Scheiben)
Salz · ca. 6 EL Olivenöl
1 Zwiebel
2 Knoblauchzehen
500 g Lammhackfleisch
4 EL Mehl
250 ml trockener Weißwein
1 EL frisch gehackter Oregano
Pfeffer aus der Mühle
3 EL Butter · 500 ml Milch
100 g geriebener Bergkäse
400 g festkochende Kartoffeln
(geschält und in Scheiben
geschnitten)

ZUBEREITUNG // ⏱ 40 min // ▦ 45 min

1 Die Auberginenscheiben salzen, 30 Minuten ziehen lassen und trocken tupfen. In ca. 4 EL Olivenöl auf jeder Seite 2 Minuten braten, herausnehmen und auf Küchenpapier abtropfen lassen.

2 Zwiebel und Knoblauch schälen, beides in feine Würfel schneiden und im restlichen Olivenöl andünsten. Das Hackfleisch dazugeben und krümelig braten. 1 EL Mehl darübersieben, den Wein angießen und den Oregano hinzufügen. Die Mischung mit Salz und Pfeffer würzen, bei mittlerer Hitze etwa 5 Minuten einköcheln lassen und vom Herd ziehen.

3 Die Béchamelsauce wie auf Seite 20 beschrieben zubereiten. Den Käse einrühren und mit Salz und Pfeffer abschmecken.

4 Backofen auf 180 °C Umluft vorheizen. Etwas Béchamelsauce in einer tiefen Auflaufform (17 x 26 cm) verteilen. Kartoffelscheiben hineinschichten und mit der Hälfte des Hackfleischs bedecken. Auberginenscheiben darauflegen, mit etwas Sauce und dem restlichen Hackfleisch bedecken. Die übrige Sauce darüber verteilen. Im Ofen auf der mittleren Schiene etwa 45 Minuten backen.

Moussaka

auf klassische Art

ZUTATEN FÜR 4–6 PERSONEN

2 große Auberginen (in Längs-
scheiben)
Salz · ca. 8 EL Olivenöl · 2 Zwiebeln
2 Knoblauchzehen
500 g gemischtes Hackfleisch
1 große Dose Tomaten (480 g
Abtropfgewicht)
¼ l trockener Weißwein
1 Msp. Zucker · ½ TL Zimtpulver
Pfeffer aus der Mühle
2 EL gehackte Petersilie
1 TL getrockneter Oregano
6 EL Weißbrotbrösel
80 g geriebener Bergkäse · 3 Eier
3 EL Butter · 3 EL Mehl
500 ml Milch · Butter für die Form
150 g Feta (Schafskäse)

ZUBEREITUNG // 🕐 40 min // ⏳ 30 min // 🍽 1 h

1 Die Auberginenscheiben salzen und 30 Minuten ziehen lassen.
In etwa 6 EL heißem Olivenöl auf jeder Seite 2 Minuten braten,
herausnehmen und auf Küchenpapier abtropfen lassen.

2 Zwiebeln und Knoblauch schälen und in feine Würfel schneiden. Beides im übrigen Olivenöl andünsten. Das Hackfleisch
untermischen und krümelig braten. Tomaten, Weißwein und
Gewürze unterrühren und alles bei mittlerer Hitze zugedeckt
etwa 5 Minuten schmoren. Die Petersilie und den Oregano untermischen, weitere 5 Minuten köcheln und vom Herd nehmen.

3 Den Backofen auf 180 °C Umluft vorheizen. Die Brösel, die
Hälfte vom Käse und 1 Ei unter das Hackfleisch mischen.
Die Béchamelsauce (siehe S. 20) zubereiten, die übrigen Eier
verquirlen und mit dem restlichen Käse in die Sauce rühren.

4 Eine tiefe Auflaufform (24 x 32 cm) einfetten. Mit der Hälfte der
Auberginen auslegen. Hackfleisch, Sauce und die restlichen Auberginen abwechselnd einschichten. Mit zerbröckeltem Schafskäse bestreut im Ofen auf der mittleren Schiene 1 Stunde backen.

Lasagne
mit Auberginen und Ricotta

ZUTATEN FÜR 4–6 PERSONEN

Für die Hackfleischsauce

2 Zwiebeln
1 Knoblauchzehe
2 Möhren
2 Stangen Staudensellerie
1 Zweig Rosmarin
8 Zweige Thymian
1 TL Fenchelsamen
3 EL Olivenöl
1 EL Butter
600 g Rinderhackfleisch
Salz · Pfeffer aus der Mühle
Zimtpulver
250 ml trockener Rotwein
2 große Dosen stückige Tomaten
(à 480 g Abtropfgewicht)
80 g schwarze Oliven (ohne
Stein)

Für den Ricotta

750 g Ricotta
2 Auberginen · Salz
4–6 EL Olivenöl
ca. 300 ml Milch
1 Knoblauchzehe
2 EL gehackte Minze
Pfeffer aus der Mühle
3 Fleischtomaten (à ca. 300 g)

Außerdem

Olivenöl für die Form
250 g Lasagneplatten
80 g geriebener Pecorino

ZUBEREITUNG // 🕐 30 min // 🍳 1 h und 30 min

1 Die Zwiebeln und den Knoblauch schälen und fein würfeln. Die Möhre putzen und schälen, den Sellerie putzen und waschen. Beides ebenfalls fein würfeln. Die Kräuter waschen und trocken schütteln. Die Nadeln bzw. Blättchen abzupfen und fein hacken. Den Fenchel im Mörser grob zerstoßen.

2 In einem breiten Topf das Olivenöl und die Butter erhitzen und das Hackfleisch darin portionsweise unter Rühren anbraten. Das gesamte Hackfleisch wieder in den Topf geben und mit Salz, Pfeffer und 1 Prise Zimt würzen. Den Fenchel, die Kräuter und das gewürfelte Gemüse hinzufügen und einige Minuten mitbraten. Mit Rotwein ablöschen und fast vollständig einkochen lassen.

3 Die Dosentomaten unterrühren. Die Hackfleischsauce ohne Deckel bei schwacher Hitze etwa 1 Stunde köcheln lassen, dabei immer wieder etwas Wasser nachgießen.

4 Inzwischen den Ricotta etwas abtropfen lassen. Die Auberginen putzen, waschen und in Scheiben schneiden. Mit Salz bestreuen, und 30 Minuten ziehen lassen, dann mit Küchenpapier trocken tupfen. Im heißen Olivenöl von jeder Seite 2 Minuten braten, herausnehmen und auf Küchenpapier abtropfen lassen.

5 Den Ricotta mit der Milch cremig rühren. Den Knoblauch schälen, durch die Knoblauchpresse dazudrücken. Die Minze unterrühren und die Masse mit Salz und Pfeffer abschmecken. Die Fleischtomaten waschen und in Scheiben schneiden.

6 Die Oliven grob hacken, unter die Fleischsauce rühren und mit Salz und Pfeffer abschmecken.

7 Den Backofen auf 200 °C vorheizen. Eine tiefe Auflaufform (24 x 32 cm) einfetten. Eine Lage Nudelplatten hineingeben und die Hälfte der Hackfleischsauce darauf verteilen. Mit der Hälfte der Tomaten- und Auberginenscheiben belegen, ein Drittel der Ricottamischung darübergeben und mit einem Drittel des Pecorinos bestreuen. Den Vorgang wiederholen, mit Nudelplatten, Ricottamischung und Pecorino abschließen. Im Ofen auf der mittleren Schiene etwa 30 Minuten backen.

Überbackene Filets

mit Speck umwickelt

ZUBEREITUNG // 🕐 15 min // 🔥 20 min

1 Das Schweinefilet waschen, trocken tupfen und in 8 gleich große Stücke schneiden. Mit Pfeffer und etwas Salz würzen.

2 Jedes Stück mit 1 Speckscheibe umwickeln und diese mit Holzspießchen fixieren. Die Medaillons in einer Pfanne im heißen Öl rundum anbraten. Herausnehmen und in eine gefettete Auflaufform (28 cm Länge) setzen.

3 Den Backofen auf 200 °C vorheizen. Den Zucchino putzen, waschen, längs halbieren und in Scheiben schneiden. Die Tomaten

waschen und halbieren. Den Mozzarella in Scheiben schneiden.

4 Die Medaillons mit der Hälfte des Käses belegen, den Thymian darüberstreuen und darauf die Tomaten- und die Zucchinischeiben verteilen. Mit Salz und Pfeffer würzen und mit dem übrigen Käse bedecken.

5 Die Filets mit dem Chilipulver bestreuen und im Ofen auf der mittleren Schiene etwa 20 Minuten überbacken. Vor dem Servieren die Holzspießchen entfernen.

ZUTATEN FÜR 4 PERSONEN

800 g Schweinefilet
Pfeffer aus der Mühle · Salz
8 Scheiben Frühstücksspeck
2 EL Öl
Öl für die Form
½ Zucchino
200 g Cocktailtomaten
2 Kugeln Mozzarella (à 125 g)
2 EL gehackter Thymian
1 TL Chilipulver

ZUTATEN FÜR 4 PERSONEN

ZUTATEN FÜR 4 PERSONEN

500 g Rosenkohl
300 g Knollensellerie
1 Zwiebel · 4 EL Öl
200 ml Gemüsebrühe
Salz · Pfeffer aus der Mühle
600 g Schweinefilet
2 Birnen
1 EL Zitronensaft
200 g Crème fraîche
frisch geriebene Muskatnuss
80 g Roquefort
(franz. Blauschimmelkäse)
2 EL kernige Haferflocken

Rosenkohl-Sellerie-Auflauf
mit Schweinefilet

ZUBEREITUNG // 🕐 30 min // 🍳 20 min

1 Den Rosenkohl putzen, waschen und den Strunk jeweils kreuzweise einritzen. Den Sellerie putzen, schälen und in etwa 1 cm große Würfel schneiden. Die Zwiebel schälen und in feine Würfel schneiden.

2 In einem Topf 2 EL Öl erhitzen und die Zwiebel darin andünsten. Rosenkohl und Sellerie hinzufügen, kurz mitdünsten und mit der Brühe ablöschen. Mit Salz und Pfeffer würzen und zugedeckt etwa 10 Minuten garen.

3 Das Fleisch waschen, trocken tupfen und in 8 Medaillons schneiden. Die Medaillons im übrigen Öl auf jeder Seite 2 Minuten braten, mit Salz und Pfeffer würzen und herausnehmen.

4 Den Backofen auf 200 °C vorheizen. Die Birnen schälen, vierteln, entkernen und in Spalten schneiden. Sofort mit Zitronensaft beträufeln. Die Crème fraîche unter das Gemüse rühren, mit Salz, Pfeffer und Muskatnuss würzen und in eine flache Auflaufform (17 x 26 cm) füllen. Die Birnenspalten dazugeben und die Medaillons darauflegen. Den Käse zerbröckeln und mit den Haferflocken darüberstreuen. Im Ofen auf der mittleren Schiene etwa 20 Minuten überbacken.

MIT GEMÜSE

Kartoffelgratin

klassisch einfach

ZUTATEN FÜR 4 PERSONEN

Butter für die Form
1 kg vorwiegend festkochende
Kartoffeln
400 g Sahne
1 kleine Knoblauchzehe
(gehackt)
1 TL Thymianblättchen
(fein geschnitten)
Salz · Pfeffer aus der Mühle
frisch geriebene Muskatnuss

ZUBEREITUNG // 🕐 35 min // 🍳 40 min

1 Den Backofen auf 180 °C vorheizen. Eine rechteckige flache Gratinform (17 x 26 cm) einfetten. Die Kartoffeln schälen, waschen und in 2 mm dicke Scheiben hobeln. Die Kartoffelscheiben mit der Sahne, dem Knoblauch und dem Thymian vermischen und mit Salz, Pfeffer und etwas Muskatnuss würzen.

2 Die Kartoffelmischung in die Form oder die Förmchen füllen und im Ofen auf der mittleren Schiene etwa 40 Minuten goldbraun backen. Nach Belieben das Gratin vor dem Backen mit 100 g geriebenem Bergkäse bestreuen. Noch würziger wird das Gratin mit 1 Prise Oregano.

3 Sehr lecker und schön herzhaft schmeckt es, wenn Sie die Sahne mit 1 EL Steinpilzpulver verquirlen und etwas getrockneten Majoran hinzufügen. Ein weihnachtliches Aroma bekommt das Gratin, wenn die Sahne mit ½ TL Lebkuchengewürz verfeinert wird.

TIPP *Und so wird das Kartoffelgratin vegan: Die Butter durch Pflanzenmargarine und die Sahne durch Sojasahne ersetzen. Wer will, der kann das Gratin zusätzlich mit veganen Streuseln (siehe S. 24) bestreuen und wie oben beschrieben überbacken.*

Kartoffel-Möhren-Auflauf
mit Thymian

ZUTATEN FÜR 4 PERSONEN

Butter für die Form
1 Knoblauchzehe
400 g Sahne
1–2 EL Senf
1 TL gehackter Thymian
Salz · Pfeffer aus der Mühle
frisch geriebene Muskatnuss
600 g mehligkochende
Kartoffeln
400 g dicke Möhren

ZUBEREITUNG // 🕐 15 min // 🍲 50 min

1 Den Backofen auf 180 °C vorheizen. Eine runde tiefe Auflauf-form (Durchmesser 26 cm) einfetten. Den Knoblauch schälen und in feine Würfel schneiden. Die Sahne in einem Topf aufko-chen und den Knoblauch, den Senf und den Thymian hinzu-fügen. Mit Salz, Pfeffer und Muskatnuss kräftig würzen.

2 Die Kartoffeln schälen und waschen, die Möhren putzen und schälen. Beides in 2 bis 3 mm dicke Scheiben hobeln. Die Kar-toffel- und Möhrenscheiben dachziegelartig in die Form schich-ten und mit der Sahne übergießen. Im Ofen auf der mittleren Schiene 40 bis 50 Minuten überbacken. Den Kartoffel-Möhren-Auflauf nach Belieben mit einigen frischen Thymianzweigen garnieren und in der Form servieren.

Rote-Bete-Kartoffel-Auflauf
mit Äpfeln

ZUTATEN FÜR 4 PERSONEN

400 g festkochende Kartoffeln
Salz
2 Äpfel (z. B. Boskop)
1 EL Zitronensaft
Butter für die Form
400 g Rote Beten (vorgegart und
vakuumiert)
Pfeffer aus der Mühle
½ TL Fenchelsamen
3 EL Butter
200 g Crème fraîche
2 EL Kürbiskerne

ZUBEREITUNG // 🕐 30 min // 🍴 20 min

1 Die Kartoffeln mit der Schale gründlich waschen und in Salzwasser etwa 20 Minuten weich garen. Inzwischen die Äpfel waschen und trocken reiben. Mithilfe eines Apfelausstechers das Kerngehäuse entfernen, die Äpfel in etwa 1 cm dicke Scheiben schneiden und sofort mit dem Zitronensaft beträufeln.

2 Backofen auf 200 °C vorheizen. Eine ovale Auflaufform (28 cm Durchmesser) einfetten. Die Kartoffeln abgießen, ausdampfen lassen, möglichst heiß pellen und abkühlen lassen. Die Roten Beten waschen.

3 Beide Gemüsesorten jeweils in Scheiben schneiden und abwechselnd mit den Apfelscheiben in die Form schichten, mit Salz und Pfeffer würzen. Die Fenchelsamen im Mörser zerdrücken, in der heißen Butter anrösten und über das Gemüse träufeln.

4 Die Crème fraîche mit Salz und Pfeffer würzen und über der Obst-Gemüse-Mischung verteilen. Den Auflauf mit Kürbiskernen bestreuen und im Ofen auf der mittleren Schiene etwa 20 Minuten backen.

Kartoffel-Lauch-Gratin
mit Reblochon

ZUTATEN FÜR 4 PERSONEN

Butter für die Form
1 Zwiebel
2 Knoblauchzehen
1 EL Butter
400 g mehligkochende
Kartoffeln
1 kg dünne Lauchstangen
Salz
250 g Reblochon
(oder Camembert)
Pfeffer aus der Mühle
frisch geriebene Muskatnuss
250 g Sahne
ca. 200 ml Milch
2 Eier

ZUBEREITUNG // 🕐 30 min // 📟 50 min

1 Den Backofen auf 180 °C vorheizen. Eine rechteckige flache Gratinform (17 x 26 cm) einfetten. Die Zwiebel und den Knoblauch schälen, in feine Würfel schneiden. Die Butter erhitzen und Zwiebel und Knoblauch darin anschwitzen.

2 Die Kartoffeln schälen, waschen und in sehr dünne Scheiben schneiden oder hobeln. Den Lauch putzen, waschen und in etwa so lang wie der Form schneiden. Den Lauch in kochendem Salzwasser 2 Minuten blanchieren, in ein Sieb abgießen, kalt abschrecken und sehr gut abtropfen lassen.

3 Den Reblochon entrinden und in kleine Würfel schneiden. Die Kartoffelscheiben und die Lauchstangen abwechselnd in die Form schichten, dazwischen die Käsewürfel einstreuen und alles mit Salz, Pfeffer und Muskatnuss würzen.

4 Die Sahne mit der Zwiebel-Knoblauch-Mischung, der Milch und den Eiern verquirlen und über das Gemüse gießen, sodass es knapp bedeckt ist. Im Ofen auf der mittleren Schiene 45 bis 50 Minuten goldbraun backen. Das Kartoffel-Lauch-Gratin herausnehmen und sofort servieren.

TIPP *Variieren Sie dieses Gericht zur Spargelsaison mit den frischen Stangen: Nach Belieben 750 g weiße oder grüne Spargelstangen schälen, 2 Minuten in kochendem Salzwasser blanchieren und wie oben beschrieben gratinieren.*

Gratinierter Spargel
im Filoteig

ZUBEREITUNG // 🕐 15 min // ▦ 25 min

1 Beide Spargelsorten waschen, den weißen Spargel ganz und den grünen Spargel im unteren Drittel schälen, die holzigen Enden jeweils abschneiden. Den Spargel in kochendem Salzwasser blanchieren, den weißen Spargel 10 Minuten und den grünen Spargel 5 Minuten. In ein Sieb abgießen, kalt abschrecken und abtropfen lassen.

2 Den Backofen auf 180 °C vorheizen. Die Orange heiß waschen, trocken reiben und die Schale in Zesten abziehen. Die Orange halbieren, den Saft auspressen und mit den Zesten,

der Crème fraîche und den Eiern verrühren. Die Mischung mit Salz und Pfeffer würzen.

3 Eine flache Gratinform (17 x 26 cm) einfetten und mit einer Lage Filoteigblättern auslegen. Die Schicht mit etwas Butter bepinseln und weitere 3 bis 4 Schichten genauso einlegen.

4 Den Teig mit den Spargelstangen belegen und den Orangenguss darüber verteilen. Den Spargel mit dem Käse bestreuen und im Ofen auf der mittleren Schiene 20 bis 25 Minuten goldbraun backen.

ZUTATEN FÜR 4 PERSONEN

500 g weißer Spargel

500 g grüner Spargel

Salz

1 Bio-Orange

200 g Crème fraîche

2 Eier

Pfeffer aus der Mühle

Butter für die Form

300 g Filoteig
(aus dem Kühlregal)

5 EL zerlassene Butter

60 g geriebener Käse (z. B. Emmentaler)

ZUTATEN FÜR 4 PERSONEN

500 g Kohlrabi
500 g Topinambur
Butter für die Form
2 Eigelb
200 g Crème fraîche
150 ml Gemüsebrühe
Salz · Pfeffer aus der Mühle
frisch gemahlene Muskatnuss
200 g Mozzarella

Kohlrabi-Topinambur-Auflauf

mit Mozzarella

ZUBEREITUNG // 🕐 15 min // ▦ 40 min

1 Den Backofen auf 160 °C Umluft vorheizen.
Kohlrabi und Topinambur schälen. Den
Kohlrabi in schmale Spalten und die
Topinambur in dünne Scheiben schneiden.

2 Eine runde Auflaufform (Durchmesser 26 cm)
oder vier Mini-Auflaufförmchen (à 14 cm
Durchmesser) einfetten. Das Gemüse abwech-
selnd in die Form füllen. Die Eigelbe mit der
Crème fraîche und der Brühe verrühren, mit
Salz, Pfeffer und Muskatnuss würzen.

3 Die Eiermischung über dem Gemüse verteilen.
Den Mozzarella in Würfel schneiden und den
Auflauf damit belegen.

4 Den Kohlrabi-Topinambur-Auflauf im Ofen
auf der mittleren Schiene 30 bis 40 Minuten
goldbraun backen. Falls die Oberfläche zu
braun werden sollte, mit Alufolie abdecken.

Gemüseauflauf
mit Ziegenkäse

ZUTATEN FÜR 4 PERSONEN

600 g vorwiegend festkochende
Kartoffeln
400 g Auberginen
400 g Zucchini
2 Tomaten
2 Zwiebeln
2–3 Knoblauchzehen
Olivenöl für die Form
300 g Ziegenkäserolle
1 Handvoll frische Lobeerblätter
Salz · Pfeffer aus der Mühle
2–3 Zweige Thymian
2–3 Zweige Rosmarin
4 EL Olivenöl
ca. 100 ml Gemüsebrühe

ZUBEREITUNG // 🕐 40 min // ▦ 1 h

1 Den Backofen auf 200 °C vorheizen. Die Kartoffeln schälen und waschen. Die Auberginen und Zucchini waschen und jeweils die Enden abschneiden. Die Tomaten waschen und die Stielansätze entfernen. Die Zwiebeln und den Knoblauch schälen.

2 Das vorbereitete Gemüse in dünne Scheiben schneiden. Eine rechteckige tiefe Auflaufform (24 x 32 cm) einfetten und das Gemüse abwechselnd mit dem zerbröckelten Ziegenkäse und den Lorbeerblättern darin dachziegelartig einschichten. Das Gemüsegratin mit Salz und Pfeffer würzen.

3 Die Kräuterzweige waschen und trocken schütteln. Die Blättchen abzupfen, die Hälfte davon fein hacken und das Gratin damit bestreuen. Die übrigen Kräuterzweige obenauf legen. Das Öl mit der Brühe mischen und über das Gratin gießen. Im Ofen auf der mittleren Schiene etwa 1 Stunde backen. Falls das Gemüsegratin zu dunkel wird, einfach mit Alufolie abdecken. Nach Belieben frisches Weißbrot dazu servieren.

TIPP *Besonders gut schmeckt dieses Gratin, wenn Sie es bereits am Vorabend zubereiten und durchziehen lassen. Dann einfach schonend im Ofen bei 80 °C mit Alufolie abgedeckt erwärmen. Schmeckt übrigens auch kalt.*

Maisauflauf
leicht & schnell

ZUBEREITUNG // ⏱ 10 min // ▥ 25 min

1 Die Zwiebel schälen und in feine Würfel
schneiden. Die Butter in einem Topf erhitzen
und die Zwiebelwürfel darin andünsten. Das
Mehl hinzufügen und unter Rühren anschwitzen, dann die Sahne langsam unterrühren.
Weiterrühren und die Brühe dazugießen. Die
Sauce etwa 5 Minuten bei schwacher Hitze
cremig einköcheln lassen.

2 Den Backofen auf 180 °C vorheizen. Die
Sauce vom Herd ziehen und die Hälfte vom
Käse, die Eigelbe und den Mais unterrühren.
Die Mischung mit Salz, Pfeffer und Muskatnuss würzen und in eine ovale tiefe Auflaufform (28 cm Durchmesser) füllen. Den Mais-
auflauf mit dem übrigen Käse bestreuen und
im Ofen auf der mittleren Schiene etwa
25 Minuten goldbraun backen. Mit der Petersilie garnieren und servieren. Dazu passen
Pellkartoffeln.

ZUTATEN FÜR 4 PERSONEN

1 Zwiebel
2 EL Butter
2 EL Mehl
200 g Sahne
ca. 400 ml Gemüsebrühe
120 g geriebener Käse
(z. B. Cheddar oder Emmentaler)
2 Eigelb
500 g Maiskörner (tiefgekühlt)
Salz · Pfeffer aus der Mühle
frisch gemahlene Muskatnuss
1 EL frisch gehackte Petersilie

4–5 EL Olivenöl

250 g Filoteig (aus dem Kühlregal)

500 g rote und grüne Cocktailtomaten

2 Knoblauchzehen

250 g Ricotta

150 g Mascarpone

1 EL Zitronensaft

1 Msp. abgeriebene Bio-Zitronenschale

Salz · Pfeffer aus der Mühle

1 Handvoll Basilikumblätter

150 g geriebener Mozzarella

Tomatenauflauf
im Filoteig

ZUBEREITUNG // ⏱ 20 min // 🍳 25 min

1 Eine rechteckige tiefe Auflaufform (17 x 26 cm) einfetten und mit einer Lage Teigblättern auslegen. Die Schicht mit etwas Olivenöl bepinseln und auf diese Weise 3 bis 4 Teigschichten einlegen. Die Teigränder dabei leicht überhängen lassen.

2 Den Backofen auf 200 °C Umluft vorheizen. Die Tomaten waschen und halbieren. Den Knoblauch schälen und in eine Schüssel pressen. Mit Ricotta, Mascarpone, Zitronensaft und -schale, Salz und Pfeffer verrühren und den Teigboden damit bestreichen.

3 Die Tomatenhälften auf den Teig legen. Die Basilikumblätter waschen, trocken schütteln und auf den Tomaten verteilen. Mit dem Käse bestreuen und die Teigränder nach innen darüberschlagen. Die umgeklappten Teigränder mit Öl bepinseln.

4 Den Tomatenauflauf im Ofen auf der mittleren Schiene etwa 25 Minuten goldbraun backen. Am besten schmeckt der Tomatenauflauf lauwarm serviert.

Gratiniertes Frühlingsgemüse
mit Schafskäse

ZUTATEN FÜR 4 PERSONEN

2 kleine Fenchelknollen (mit Grün)

8 Frühlingszwiebeln

400 g Kohlrabi

400 g junge Möhren

2 Knoblauchzehen

2 EL Olivenöl

1 Schuss trockener Weißwein

1 EL Pernod

Salz · Pfeffer aus der Mühle

2 EL Butterflöckchen

150 g Feta (Schafskäse)

ZUBEREITUNG // 🕐 15 min // 🍽 20 min

1 Den Fenchel und die Frühlingszwiebeln putzen, waschen und in feine Streifen, bzw. Ringe scheiden. Den Kohlrabi putzen, waschen und in dünne Spalten schneiden. Das Fenchelgrün fein hacken. Die Möhren putzen, waschen und in feine Stifte schneiden. Den Knoblauch schälen und sehr fein hacken.

2 Den Backofen auf 180 °C vorheizen. Das Öl in einer Pfanne erhitzen und den Knoblauch darin kurz anbraten, dann das vorbereitete Gemüse hinzufügen und etwa 5 Minuten mitbraten. Mit dem Wein und dem Pernod ablöschen, mit Salz und Pfeffer würzen und das Fenchelgrün untermischen. Das Ganze in eine rechteckige flache Gratinform (17 x 26 cm) füllen.

3 Die Butterflöckchen und den zerbröckelten Käse über dem Gemüse verteilen. Den Auflauf im Ofen auf der mittleren Schiene etwa 20 Minuten goldbraun überbacken.

4 Für eine herbstliche Variante 500 g Kürbis in Würfel schneiden und 500 g Mangold putzen und waschen, die Stiele klein schneiden. Kürbis und Mangold mit 200 g geviertelten Champignons in 3 EL heißem Olivenöl etwa 5 Minuten anbraten. DieMangoldblätter in Streifen schneiden, mit 2 zerdrückten Knoblauchzehen unterheben und kurz mitbraten. Mit Salz, Pfeffer und Muskatnuss kräftig würzen, einen Schuss Weißwein angießen und alles zugedeckt 5 Minuten bissfest dünsten. Mit Feta bestreuen und 20 Minuten backen.

Chicoréeauflauf
mit Schinken

ZUBEREITUNG // 🕐 20 min // ▦ 25 min

1 Den Backofen auf 200 °C Umluft vorheizen. Eine tiefe Auflaufform (17 x 26 cm) oder vier Mini-Auflaufförmchen einfetten. Den Chicorée putzen und waschen. In kochendem Salzwasser 2 Minuten blanchieren, abgießen, kalt abschrecken und abtropfen lassen.

2 Die Butter in einem Topf zerlassen, das Mehl darin unter Rühren anschwitzen und die Milch langsam unter Rühren dazugießen. Die Brühe dazugeben und die Sauce unter Rühren bei schwacher Hitze etwa 5 Minuten cremig einköcheln lassen.

3 Die Sauce vom Herd ziehen, die Hälfte vom Käse unterrühren und die Sauce mit Salz, Pfeffer und Muskatnuss abschmecken. Den Chicorée jeweils mit 1 Scheibe Schinken umwickeln und nebeneinander in die Form legen.

4 Mit der Käsesauce übergießen und mit dem restlichen Käse bestreuen. Den Chicoréeauflauf im Ofen auf der mittleren Schiene etwa 25 Minuten goldbraun backen.

ZUTATEN FÜR 4 PERSONEN

Butter für die Form

8 kleine Chicorée

30 g Butter

2 EL Mehl

150 ml Milch

ca. 250 ml Fleischbrühe

100 g geriebener Gouda

Salz · Pfeffer aus der Mühle

frisch geriebene Muskatnuss

8 Scheiben gekochter Schinken

ZUTATEN FÜR 4 PERSONEN

5 große Fenchelknollen (mit Grün)
Salz · 2 EL Butter
1 Zwiebel (in feinen Würfeln)
1 TL Fenchelsamen
1 EL gehackter Rosmarin
60 ml frisch gepresster Orangensaft
200 g Mascarpone
Pfeffer aus der Mühle
200 g Cocktailtomaten
100 g geriebener Mozzarella

Fenchelgratin
mit Tomaten

ZUBEREITUNG // 🕐 25 min // 🍴 20 min

1 Den Fenchel putzen und waschen, das Grün abschneiden, fein hacken und beiseitelegen. Fenchel halbieren, in 2 cm dicke Spalten schneiden und in kochendem Salzwasser 7 bis 8 Minuten bissfest garen. Herausnehmen und abtropfen lassen. Den Kochsud aufbewahren.

2 Den Backofen auf 200 °C vorheizen. In einem Topf 1 EL Butter erhitzen, Zwiebel, Fenchelsamen und Rosmarin darin 1 bis 2 Minuten andünsten. Mit 300 ml Fenchelsud ablöschen und auf die Hälfte einkochen lassen. Orangensaft und Mascarpone unterrühren, aufkochen lassen, mit Salz und Pfeffer würzen.

3 Eine Gratinform (17 x 26 cm) mit der restlichen Butter einfetten, die Fenchelspalten darin verteilen. Die Tomaten waschen, halbieren und darüber verteilen. Die Sauce darübergießen und den Käse darüberstreuen. Das Fenchelgratin im Ofen auf der mittleren Schiene 15 bis 20 Minuten überbacken. Mit Fenchelgrün bestreut garnieren und servieren.

Spinatauflauf
mit Feta

ZUTATEN FÜR 4 PERSONEN

300 g Feta (Schafskäse)
1 Bund Petersilie
1 Zwiebel
1 kg Blattspinat
Salz · Pfeffer aus der Mühle
frisch geriebene Muskatnuss
125 g Butter
1 Ei
125 ml Milch
Fett für die Form
1 Paket Yufka-Teigblätter
(ca. 500 g)

ZUBEREITUNG // ⏱ 30 min // 🍳 40 min

1 Den Schafskäse in kleine Würfel schneiden. Die Petersilie waschen und trocken schütteln, die Blätter von den Stielen zupfen und fein hacken. Die Zwiebel schälen und in feine Würfel schneiden.

2 Den Spinat verlesen und waschen, grobe Stiele entfernen. Den Spinat tropfnass in einen Topf geben und bei starker Hitze zusammenfallen lassen. In ein Sieb abgießen, abtropfen und abkühlen lassen. Etwas ausdrücken, grob hacken, mit den Käse- und Zwiebelwürfeln sowie der Petersilie mischen. Mit Salz, Pfeffer und Muskatnuss würzen.

3 Die Butter in einer Pfanne zerlassen, aber nicht bräunen, und etwas abkühlen lassen. Das Ei in einer Schüssel verquirlen. Zuerst mit der Milch, dann mit der flüssigen Butter verrühren.

4 Eine rechteckige tiefe Auflaufform (17 x 26 cm) einfetten. Die Hälfte der Teigblätter einzeln übereinander in die Form legen, jedes Teigblatt mit etwas Milch-Butter-Mischung bestreichen. Die Käse-Spinat-Mischung darauf verteilen. Mit den restlichen Teigblättern abdecken, dabei wieder jedes Blatt mit Milch-Butter-Mischung bestreichen.

5 Den Auflauf in der Form mit der restlichen Milch-Butter-Mischung beträufeln. In den kalten Backofen auf die untere Schiene geben und bei 200 °C etwa 40 Minuten goldbraun backen. In Portionsstücke schneiden und servieren.

TIPP *Der Spinatauflauf lässt sich sehr gut vorbereiten und ist perfekt fürs Büfett, denn er schmeckt kalt genauso gut wie warm. Wer möchte, kann für etwas mehr Biss noch geröstete Pinienkerne zur Käse-Spinat-Mischung geben.*

Brokkoligratin
mit Béchamelsauce

ZUTATEN FÜR 4 PERSONEN

750 g Brokkoli
Salz
1 Zwiebel
1 Knoblauchzehe
3 EL Butter
3 EL Mehl
500 ml Milch
Pfeffer aus der Mühle
frisch geriebene Muskatnuss
1 Kugel Mozzarella (125 g)
80 g Parmesan (am Stück)

ZUBEREITUNG // ⏱ 15 min // 📅 25 min.

1 Den Brokkoli putzen, waschen und in Röschen teilen. Die Brokkoliröschen in einem Topf in reichlich kochendem Salzwasser 2 bis 3 Minuten blanchieren. In ein Sieb abgießen, kalt abschrecken und abtropfen lassen.

2 Die Zwiebel und den Knoblauch schälen und in feine Würfel schneiden. Die Butter in einem Topf erhitzen und die Zwiebel und den Knoblauch darin andünsten. Das Mehl dazugeben und unter Rühren bei schwacher Hitze 1 Minute anschwitzen. Nach und nach die Milch hinzufügen und die Béchamelsauce unter Rühren etwa 5 Minuten köcheln lassen (siehe S. 20). Kräftig mit Salz, Pfeffer und Muskatnuss würzen.

3 Den Backofen auf 180 °C vorheizen. Den Brokkoli in einer Auflaufform (17 x 26 cm) mit der Béchamelsauce übergießen. Den Mozzarella in Würfel schneiden und darauf verteilen. Den Parmesan fein darüberreiben. Das Gratin im Ofen auf der mittleren Schiene etwa 25 Minuten goldbraun überbacken. Als Beilage dazu passen Pellkartoffeln oder Kartoffelpüree.

Blumenkohlgratin
mit Bergkäse

ZUTATEN FÜR 4 PERSONEN

1 kg Blumenkohl
1 Bund Frühlingszwiebeln
1 EL Butter
150 ml Gemüsebrühe
250 g Sahne
2 Eier
Salz · Pfeffer aus der Mühle
frisch geriebene Muskatnuss
150 g geriebener Bergkäse

ZUBEREITUNG // ⏱ 15 min // 🍽 30 min

1 Den Backofen auf 180 °C Umluft vorheizen. Den Blumenkohl putzen, waschen und in Röschen teilen. Die Frühlingszwiebeln putzen, waschen und in dünne Ringe schneiden.

2 Die Butter in einer Pfanne erhitzen und die Frühlingszwiebeln darin andünsten. Alles in eine runde flache Auflaufform (26 cm Durchmesser) verteilen, mit der Brühe aufgießen und die Form mit Alufolie verschließen. Im Ofen auf der mittleren Schiene etwa 10 Minuten garen.

3 Die Sahne mit den Eiern verquirlen und mit Salz, Pfeffer und Muskatnuss würzen. Die Alufolie entfernen, die Eiersahne über den Blumenkohl gießen und den Auflauf offen weitere 10 Minuten garen.

4 Dann den geriebenen Käse darüberstreuen und den Blumen-kohlauflauf nochmals etwa 10 Minuten überbacken. Dazu passt ein grüner Blattsalat (siehe S. 26).

Süßkartoffelauflauf

mit Zucchini und Feta

ZUTATEN FÜR 4 PERSONEN

700 g Süßkartoffeln

600 g Zucchini

1 Bund Frühlingszwiebeln

Salz · Pfeffer aus der Mühle

1 EL weiche Butter

1 Knoblauchzehe

300 g Sahne

3 Eier

100 g geriebener Parmesan

1 TL Dijon-Senf

frisch geriebene Muskatnuss

200 g Feta (Schafskäse)

ZUBEREITUNG // 🕐 15 min // 🔲 40 min

1 Den Backofen auf 180 °C vorheizen. Die Süßkartoffeln schälen und in etwa 1½ cm große Stücke schneiden. Die Zucchini putzen, waschen und in ½ cm dicke Scheiben schneiden. Die Frühlingszwiebeln putzen und waschen. Das Grün in feine Ringe schneiden und beiseitestellen. Den Rest in 1 cm breite Stücke schneiden.

2 Süßkartoffeln, Zucchini und den weißen, klein geschnittenen Teil der Frühlingszwiebeln in einer Schüssel mischen und mit Salz und Pfeffer würzen.

3 Eine große rechteckige Auflaufform mit der Butter einfetten. Den Knoblauch schälen und in feine Würfel schneiden. Mit der Sahne, den Eiern, Parmesan und Senf in einem hohen Rührbecher mit dem Schneebesen gut verqirlen und den Guss mit Salz, Pfeffer und Muskatnuss würzen.

4 Das Gemüse in der Form verteilen und die Eiersahne darübergießen. Den Feta in Stücke schneiden, darüberstreuen und den Auflauf im Ofen auf der unteren Schiene 35 bis 40 Minuten backen. Herausnehmen, mit den Frühlingszwiebelringen bestreuen und sofort servieren.

TIPP *Anstelle von Süßkartoffeln kann man für diesen Auflauf auch wunderbar Kürbiswürfel oder kurz vorgegarte Möhren- bzw. Kohlrabistifte verwenden.*

Mein Lieblingsrezept

mit Gemüse

WIRSING-KÜRBIS-AUFLAUF MIT WALNUSSBRÖSELN

🕐 20 min // ▦ 40 min // Für 4 Personen

1 Aus 3 EL Butter, 3 EL Mehl und ½ l Milch eine Béchamelsauce herstellen (siehe S. 20). 40 g geriebenen Parmesan unterrühren und mit Salz, Pfeffer und Muskatnuss würzen.

2 1 kg Hokkaidokürbis in 2 cm große Stücke, ½ Wirsing in Streifen schneiden. 2 EL Rosmarinnadeln und 3 EL Thymianblättchen fein hacken. Je 2 Schalotten und Knoblauchzehen fein würfeln. Kürbis in 2 EL Öl bei starker Hitze anbraten. Rosmarin und die Hälfte vom Knoblauch dazugeben und mitbraten. Mit Salz und Pfeffer würzen und herausnehmen. 2 EL Öl erhitzen und den Wirsing darin anbraten. Gegen Ende der Bratzeit die Schalotten und ⅔ vom Thymian hinzufügen und mitbraten. Kräftig mit Salz und Pfeffer würzen.

3 Die Hälfte vom Kürbis in einer Auflaufform verteilen, 3 bis 4 EL Sauce darübergeben und 50 g milden Gorgonzola darüberbröckeln. Den Wirsing und 50 g grob gehackte Walnüsse darauf verteilen, mit 3 bis 4 EL Sauce beträufeln. 50 g zerbröckelten Gorgonzola, restlichen Kürbis und restliche Sauce darauf verteilen und mit 50 g Parmesan bestreuen.

4 50 g fein gehackte Walnüsse mit 4 EL Semmelbröseln, restlichem Thymian und restlichem Knoblauch mischen. 2 EL Öl hinzufügen und alles mit den Händen zu Bröseln verreiben. Die Brösel auf dem Auflauf verteilen und den Auflauf im auf 180 °C vorgeheizten Ofen auf der untersten Schiene 35 bis 40 Minuten garen.

Süßkartoffelsoufflés

mit Schafskäse

ZUBEREITUNG // 🕐 20 min // 🍳 30 min

1 Die Süßkartoffeln schälen, waschen, halbieren und in kochendem Salzwasser weich garen. Abgießen, ausdampfen lassen und etwa 200 g beiseitelegen. Den Rest möglichst heiß durch die Kartoffelpresse in eine Schüssel drücken. Die beiseitegelegten Süßkartoffeln in kleine Würfel schneiden.

2 Die Zwiebeln schälen, in feine Würfel schneiden und in der Kräuterbutter andünsten. Die Eier trennen. Den Schafskäse in kleine Würfel schneiden.

3 Den Backofen auf 180 °C vorheizen. Sechs Souffléförmchen (à 9 cm Durchmesser) einfetten und mit Bröseln ausstreuen. Zwiebeln, Quark, Parmesan, den Feta und Eigelbe zur Süßkartoffelmasse geben, mit Salz, Pfeffer und Muskatnuss würzen und alles gut mischen. Die Eiweiße steif schlagen und nach und nach mit den Süßkartoffelwürfeln unter den Teig ziehen.

4 Den Teig auf die Förmchen verteilen. Im Ofen auf der mittleren Schiene 30 Minuten backen. Vorsichtig stürzen und sofort servieren.

ZUTATEN FÜR 6 PERSONEN

1 kg Süßkartoffeln · Salz
2 Zwiebeln
50 g Kräuterbutter
3 Eier
150 g Feta (Schafskäse)
Butter und Weißbrotbrösel
für die Förmchen
250 g Speisequark
2 EL geriebener Parmesan
Pfeffer aus der Mühle
frisch geriebene Muskatnuss

Butter für die Förmchen
200 g Gorgonzola
2 Handvoll Rucola
6 Eier
70 g Butter
70 g Mehl
300 ml Milch
Salz · Pfeffer aus der Mühle

Rucolasoufflés
mit Gorgonzola

ZUBEREITUNG // ⏱ 20 min // ▦ 20 min

1 Den Backofen auf 180 °C vorheizen. Sechs
Souffléförmchen (à 9 cm Durchmesser) einfetten. Den Käse zerbröckeln. Den Rucola verlesen, waschen und trocken schleudern, grobe
Stiele entfernen. Anschließend fein hacken.

2 Die Eier trennen. Die Butter in einem Topf zerlassen und das Mehl darin unter Rühren anschwitzen. Die Milch dazugeben und unter
Rühren aufkochen lassen. Die Sauce bei
schwacher Hitze cremig einköcheln lassen. Eigelbe, Rucola und Käse unterrühren, mit Salz
und Pfeffer würzen und abkühlen lassen.

3 Die Eiweiße mit 1 Prise Salz steif schlagen
und unter die Käsemasse heben. Den Teig auf
die Förmchen verteilen, sodass sie zu zwei
Dritteln gefüllt sind. Die Förmchen auf ein
tiefes Backblech stellen und so viel heißes
Wasser angießen, dass die Förmchen bis zur
Hälfte im Wasser stehen. Die Soufflés im
Ofen auf der zweiten Schiene von unten etwa
20 Minuten backen, bis sie sich in der Mitte
leicht wölben. Dabei die Ofentür nicht öff-
nen. Die Rucola-Soufflés am besten frisch aus
dem Ofen servieren.

Mini-Kürbisaufläufe
mit Speck und Maronen

ZUTATEN FÜR 4 PERSONEN

1 kg Muskatkürbis

3 EL Butter

150 ml trockener Weißwein

150 g Crème fraîche

Salz · Pfeffer aus der Mühle

Worcestersauce

4 EL Kürbiskerne

50 g Esskastanien (Maronen; vakuumiert und vorgegart)

2 Schalotten

100 g durchwachsener Räucherspeck

ca. 12 Scheiben Frühstücksspeck

50 g Parmesan (am Stück)

2 Eier

100 g Sahne

ZUBEREITUNG // ⏱ 45 min // 🍲 30 min

1 Den Kürbis schälen und die Kerne mit einem Löffel entfernen. Das Kürbisfleisch in kleine Würfel schneiden. 2 EL Butter in einer Pfanne erhitzen und die Kürbiswürfel darin rundum andünsten. Mit dem Weißwein ablöschen und zugedeckt bei schwacher Hitze etwa 15 Minuten garen. Dann die Crème fraîche unterrühren. Das Kürbisgemüse mit Salz, Pfeffer und Worcestersauce abschmecken.

2 Die Kürbiskerne grob hacken, in einer beschichteten Pfanne ohne Fett anrösten, herausnehmen und beiseitestellen. Die Maronen ebenfalls grob hacken. Die Schalotten schälen und mit dem Speck in feine Würfel schneiden. Die restliche Butter in der Pfanne erhitzen und die Schalotten- und Speckwürfel darin anbraten. Herausnehmen und beiseitestellen.

3 Den Backofen auf 200°C vorheizen. 4 Metallringe (à etwa 10 cm Durchmesser) auf ein tiefes Backblech stellen (alternativ vier Souffléörmchen à 9 cm Durchmesser verwenden). Mit den Speckscheiben die Innenseiten der Ringe auskleiden. Die Hälfte der Kürbismasse in die Ringe geben, nacheinander die Hälfte der Kürbiskerne, der Maronen und der Speck-Schalotten-Mischung darauf verteilen. Den Vorgang wiederholen.

4 Den Parmesan fein reiben und mit den Eiern und der Sahne verrühren. Mit Salz und Pfeffer würzen und über den Mini-Aufläufen verteilen. Die Aufläufe im Backofen auf der mittleren Schiene etwa 30 Minuten goldbraun backen. Zum Servieren die Mini-Kürbisaufläufe auf Teller setzen und die Metallringe vorsichtig entfernen.

MIT REIS & CO.

Reis-Zucchini-Auflauf
mit Bresaola

ZUTATEN FÜR 4 PERSONEN

250 g Risottoreis

½ l Gemüsebrühe

Butter für die Form

1 Zucchino

1 Schalotte

1 Knoblauchzehe

2 EL Olivenöl

Salz · Pfeffer aus der Mühle

1 Schuss trockener Weißwein

3 Eier

60 g geriebener Parmesan

150 g Crème fraîche

1 TL abgeriebene Bio-Zitronenschale

2 EL gehackter Dill

ca. 125 g Bresaola
(ital. luftgetrockneter
Rinderschinken)

ZUBEREITUNG // 🕐 40 min // 🍳 35 min

1 Den Reis in einem Sieb gründlich mit kaltem Wasser abspülen. In einem Topf in der Brühe nach Packungsanweisung bissfest garen. Vom Herd nehmen und offen abkühlen lassen.

2 Den Backofen auf 180 °C Umluft vorheizen. Eine tiefe Auflauf-form (17 x 26 cm) einfetten. Den Zucchino putzen, waschen und auf der Küchenreibe raspeln. Die Schalotte und den Knob-lauch schälen und in feine Würfel schneiden. Zusammen mit den Zucchiniraspeln im heißen Olivenöl andünsten, mit Salz und Pfeffer würzen und mit dem Wein ablöschen. Zugedeckt 2 bis 3 Minuten dünsten.

3 Die Eier trennen und die Eigelbe mit 2 EL Parmesan, Crème fraîche, Zitronenschale und Dill verquirlen. Die Eiermischung und den Reis verrühren. Die Eiweiße steif schlagen und mit den Zucchiniraspeln unter den Reis heben, mit Salz und Pfeffer würzen.

4 Die Mischung in die Form füllen und mit dem restlichen Parme-san bestreuen. Den Auflauf im Ofen auf der mittleren Schiene etwa 35 Minuten goldbraun backen. Herausnehmen, auf Tel-lern anrichten und mit den Bresaolascheiben servieren.

TIPP *Bresaola ist eine norditalienische Spezialität: Das magere Rindfleisch aus der Keule wird gepökelt, dadurch konserviert und anschließend mehrere Monate an der Luft getrocknet. Sie können aber auch jeden anderen luftgetrockneten Schinken verwenden.*

Reisauflauf
mit Mangold und Walnüssen

ZUBEREITUNG // ⏱ 25 min // ▦ 35 min

1 Den Reis in einem Sieb gründlich abspülen. In einem Topf mit ½ l Salzwasser zugedeckt bei schwacher Hitze 15 Minuten bissfest garen. Abgießen und abtropfen lassen.

2 Den Mangold verlesen und waschen, die Blätter von den Stielen schneiden. Die Stiele in dünne Streifen, die Blätter klein schneiden. Zwiebel und Knoblauch schälen und beides in feine Würfel schneiden. Den Dill waschen, trocken schütteln, die Spitzen abzupfen und klein hacken. Die Nüsse grob hacken.

3 Den Backofen auf 180 °C Umluft vorheizen. Eine tiefe Auflaufform (17 x 26 cm) einfetten. Die Zwiebel- und Knoblauchwürfel im heißen Öl andünsten, die Mangoldstiele dazugeben und 2 Minuten mitdünsten. Vom Herd nehmen und etwas abkühlen lassen. Mangoldblätter, Nüsse, zerbröckelten Feta und Reis untermischen.

4 Eier, Sahne und Crème fraîche verrühren und mit Dill, Salz, Pfeffer und Muskatnuss würzen. Die Reismischung in die Form füllen und die Eiersahne darübergießen. Im Ofen auf der mittleren Schiene etwa 35 Minuten backen.

ZUTATEN FÜR 4 PERSONEN

200 g Langkornreis

Salz

300 g Mangold

1 große Zwiebel

1–2 Knoblauchzehen

3–4 Stiele Dill

60 g Walnusskerne

Butter für die Form

1 EL Öl

200 g Feta (Schafskäse)

2 Eier

200 g Sahne

5 EL Crème fraîche

Pfeffer aus der Mühle

frisch gemahlene Muskatnuss

ZUTATEN FÜR 4 PERSONEN

200 g Brokkoliröschen

Salz

1 große Dose Kichererbsen
(480 g Abtropfgewicht)

6 Paprikaschoten (rot, grün und gelb)

1 Schalotte

1 Knoblauchzehe

3 EL Olivenöl

1 TL Paprikapulver (edelsüß)

Pfeffer aus der Mühle

100 ml Gemüsebrühe

100 g Sahne

1 TL Currypulver

3 Eier

100 g Feta (Schafskäse)

Kichererbsenauflauf
mit Paprika

ZUBEREITUNG // 🕐 20 min // ▦ 20 min

1 Den Brokkoli in kochendem Salzwasser etwa 3 Minuten bissfest blanchieren, abschrecken und abtropfen lassen.

2 Die Kichererbsen in ein Sieb abgießen, kalt abbrausen und abtropfen lassen. Die Paprikaschoten längs halbieren, entkernen, waschen und in dünne kurze Streifen schneiden. Die Schalotte und den Knoblauch schälen und in feine Würfel schneiden.

3 In einer Pfanne 2 EL Olivenöl erhitzen und Zwiebel und Knoblauch darin andünsten. Die Paprikastreifen hinzufügen und etwa 2 Minu-

ten mitgaren. Mit Salz, Paprikapulver und Pfeffer würzen und die Pfanne vom Herd nehmen. Brokkoli und Kichererbsen untermischen.

4 Den Backofen auf 200 °C vorheizen. Eine Auflaufform (17 x 26 cm) mit dem restlichen Olivenöl einfetten und das Gemüse hineinfüllen. Die Brühe mit Sahne, Currypulver und Eiern verquirlen und mit Salz und Pfeffer würzen. Die Eiersahne über das Gemüse gießen, den zerbröckelten Feta darüberstreuen und im Ofen auf der mittleren Schiene etwa 20 Minuten goldbraun backen.

Mein Lieblingsrezept
mit Reis

TOMATENREIS MIT SPINAT UND FETA

🕐 25 min // 🍳 30 min // Für 4 Personen

1 ½ l Wasser mit 2 TL Harissa, 2 EL Tomatenmark und ½ TL Salz aufkochen. 250 g Parboiled Reis einstreuen, zugedeckt bei schwacher Hitze etwa 20 Minuten ausquellen lassen, bis das Wasser komplett aufgenommen ist. In einer Schüssel etwas abkühlen lassen.

2 1 kg gewaschenen Blattspinat tropfnass bei starker Hitze unter Rühren zusammenfallen lassen. Auf einem Sieb abtropfen lassen, etwas ausdrücken und grob hacken.

3 1 Knoblauchzehe und 1 rote Zwiebel schälen, in feine Würfel schneiden und in 2 EL Olivenöl andünsten. Den Spinat dazugeben und kurz andünsten. Mit Salz, Pfeffer und Kreuzkümmel kräftig würzen. Beiseitestellen.

4 80 g getrocknete Tomaten und 200 g Mozzarella fein würfeln. 1 Bund Petersilie fein schneiden. Den Reis mit Mozzarella, getrockneten Tomaten und Petersilie mischen, abschmecken. 200 g Feta zerbröckeln, 500 g Strauchtomaten in dünne Scheiben schneiden.

5 Die Hälfte des Reises in eine gefettete Auflaufform geben, die Hälfte der Tomaten daraufgeben und mit Salz, Pfeffer und getrocknetem Oregano würzen. Den Spinat darübergeben. Mit 100 g Feta bestreuen. Restlichen Reis darübergeben, restliche Tomaten darauf verteilen, mit Salz, Pfeffer und getrocknetem Oregano würzen, mit restlichem Feta bestreuen. Im Ofen bei 180 °C auf der zweiten Schiene von unten 30 Minuten backen.

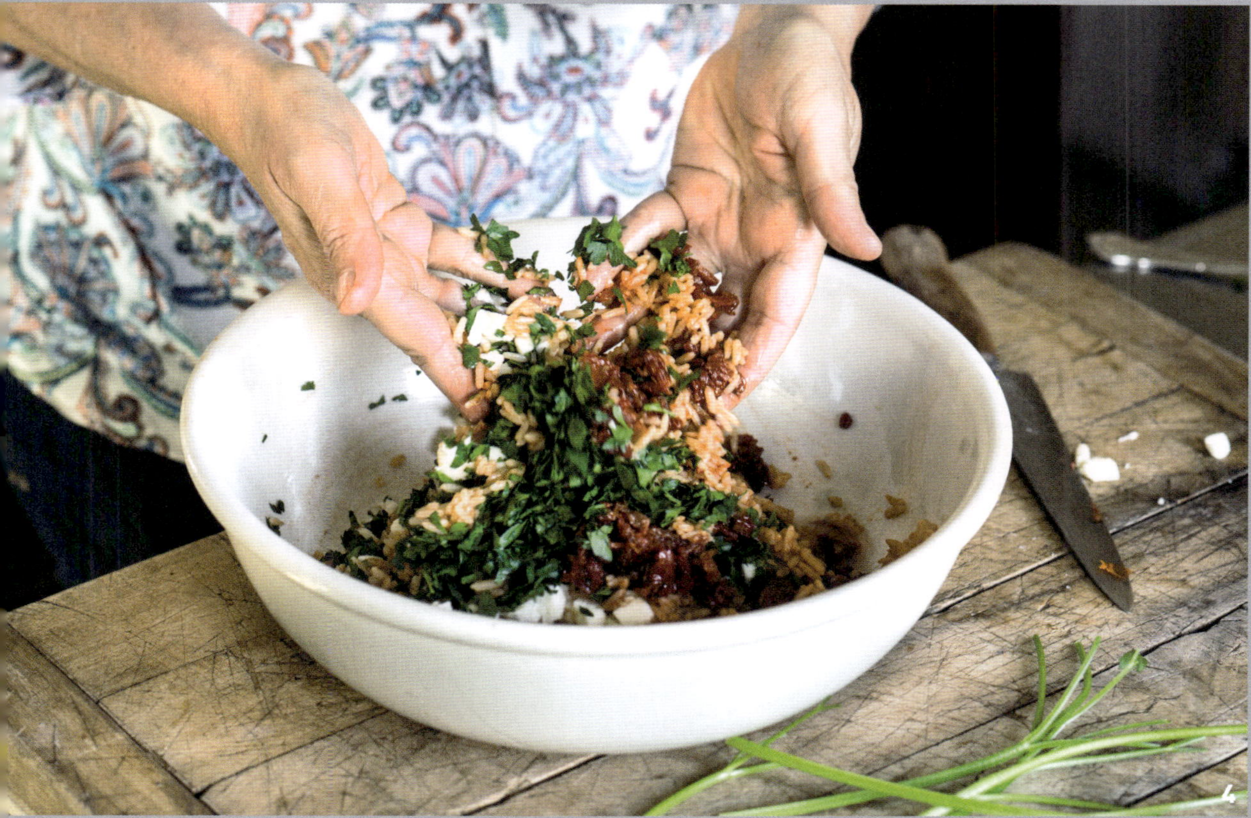

4

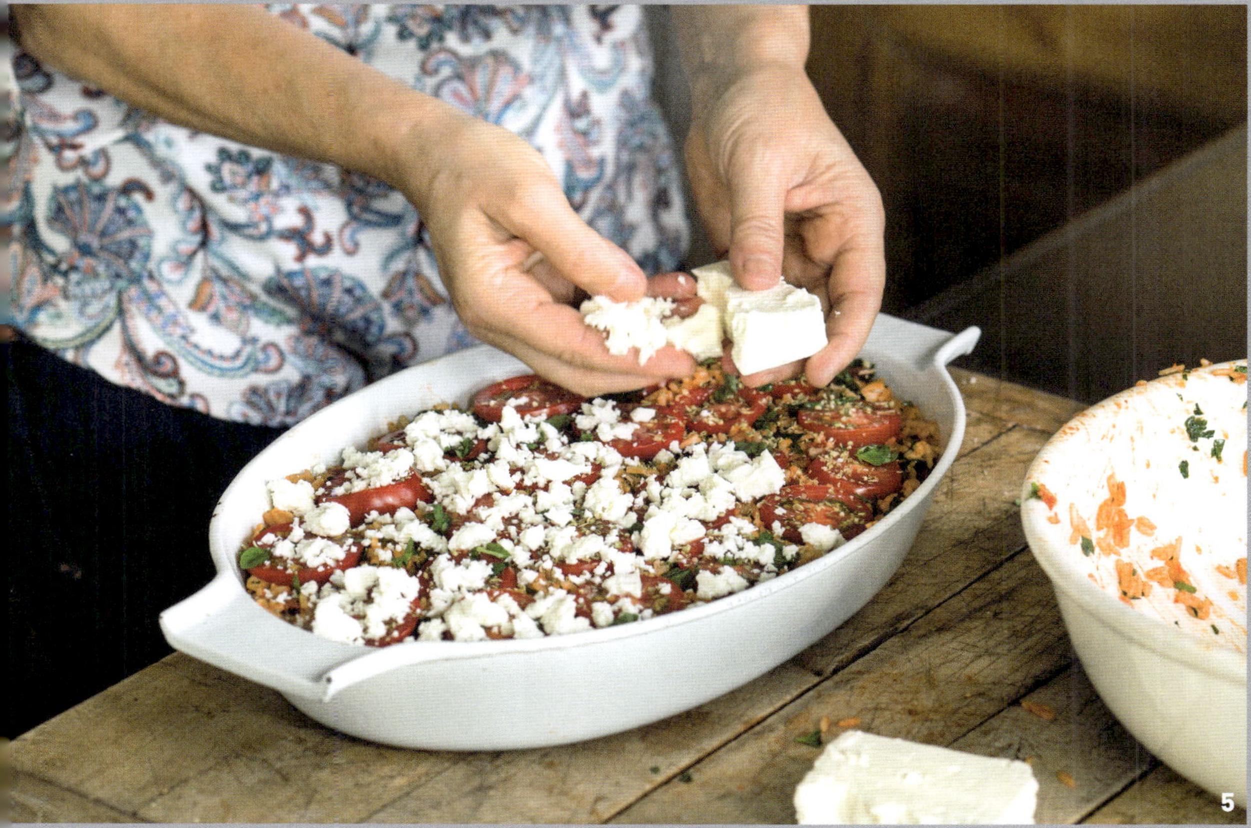

5

Bulgur-Gemüse-Auflauf

mit Cabanossi

ZUBEREITUNG // ⏱ 30 min // ▦ 20 min

1 Die Paprikaschote längs halbieren, entkernen, waschen und in kleine Würfel schneiden. Die Frühlingszwiebeln putzen, waschen und in feine Ringe schneiden.

2 Den Bulgur in kochender Fleischbrühe nach Packungsanweisung garen. Die Frühlingszwiebeln, Paprika und Mais untermischen und den Bulgur zugedeckt etwa 15 Minuten quellen lassen, sodass er bissfest ist. Mit Salz und dem Chili-con-Carne-Gewürz abschmecken.

3 Die Tomaten waschen, vierteln und entkernen, dabei die Stielansätze entfernen. In Würfel schneiden. Den Backofen auf 200 °C vorheizen. Eine tiefe Auflaufform (17 x 26 cm) einfetten.

4 Die Chorizo in Scheiben schneiden und mit der Petersilie unter den Bulgur mischen. Mit Salz, Zitronensaft und Pfeffer abschmecken und in die Auflaufform füllen. Die Tomaten untermischen und den Auflauf mit dem Käse bestreuen. Im Ofen auf der mittleren Schiene 15 bis 20 Minuten überbacken. Mit dem Koriander garniert servieren.

ZUTATEN FÜR 4 PERSONEN

1 rote Paprikaschote

4 Frühlingszwiebeln

200 g Bulgur

ca. 650 ml Fleischbrühe

1 kleine Dose Mais (285 g Abtropfgewicht)

Salz

1–2 TL Chili-con-Carne-Gewürz

4 Tomaten

Olivenöl für die Form

250 g Chorizo (span. Paprikawurst; am Stück)

1 EL gehackte Petersilie

1–2 EL Zitronensaft

Pfeffer aus der Mühle

100 g geriebener Emmentaler

Koriander zum Garnieren

ZUTATEN FÜR 4 PERSONEN

4 Auberginen · Salz

Olivenöl zum Bestreichen

200 g Bulgur

6 Tomaten

2 rote Zwiebeln

3 Schalotten

2 Knoblauchzehen

4 EL Öl

2 TL Paprikapulver (edelsüß)

½ TL Kreuzkümmel

Pfeffer aus der Mühle

Olivenöl für die Form

Meersalz zum Bestreuen

Auberginenlasagne
mit Bulgur und Tomaten

ZUBEREITUNG // 🕐 45 min // ▤ 25 min

1 Die Auberginen putzen und waschen. Aus jeder Aubergine der Länge nach 3 möglichst gleich große, etwa 1 cm dicke Scheiben schneiden (Rest anderweitig verwenden). Die Scheiben salzen, 30 Minuten ziehen lassen und trocken tupfen. Dann mit Olivenöl bestreichen und portionsweise in einer Grillpfanne braten.

2 Den Bulgur in kochendem Salzwasser nach Packungsanweisung bissfest garen.

3 Die Tomaten waschen und in Scheiben schneiden, dabei die Stielansätze entfernen. Die Zwiebeln schälen und in Ringe schneiden.

Schalotten und Knoblauch schälen, in feine Würfel schneiden und im heißen Öl andünsten. Den Bulgur hinzufügen und mit Paprika, Kreuzkümmel, Salz und Pfeffer würzen.

4 Den Backofen auf 180 °C vorheizen. Eine Auflaufform (17 x 26 cm) einfetten. 4 Auberginenscheiben nebeneinander hineinlegen und Bulgur, Zwiebelringe und Tomaten- und restliche Auberginenscheiben daraufschichten. So 4 Lasagnen schichten und mit der Auberginenschicht abschließen. Mit Meersalz bestreuen und mit Alufolie abgedeckt im Ofen auf der mittleren Schiene 25 Minuten garen.

Couscous-Auflauf
mit Putenbrust und Sesam

ZUTATEN FÜR 4 PERSONEN

2 Möhren
400 ml Kokosmilch
150–200 ml Hühnerbrühe
1–2 TL Ras-el-hanout
Salz · Pfeffer aus der Mühle
1 Knoblauchzehe
1 Zwiebel
1 EL Butter
500 g Putenbrustfilet
200 g Couscous (Instant)
Butter für die Förmchen
2 EL Sesamsamen

ZUBEREITUNG // 🕐 20 min // 🍳 30 min

1 Den Backofen auf 180 °C vorheizen. Die Möhren putzen, schälen und in dünne Scheiben schneiden. Die Kokosmilch und die Hühnerbrühe zusammengießen und verquirlen, mit Ras-el-hanout, Salz und Pfeffer würzen.

2 Den Knoblauch und die Zwiebel schälen und in feine Würfel schneiden. Die Butter in einer Pfanne erhitzen und die Knoblauch- und Zwiebelwürfel darin andünsten.

3 Das Putenbrustfilet waschen, trocken tupfen und in Streifen schneiden. Das Fleisch in die Pfanne geben und etwa 2 Minuten mitbraten. Die Pfanne vom Herd ziehen.

4 Den Couscous in einer Schüssel mit 200 ml kochendem Wasser übergießen und 5 Minuten zugedeckt quellen lassen. Dann mit einer Gabel mehrmals auflockern.

5 Vier Mini-Auflaufförmchen (à 14 cm Durchmesser) einfetten und den Couscous darin verteilen. Die Möhren und die Putenstreifen daraufgeben und mit der Kokos-Curry-Brühe übergießen. Den Couscous-Auflauf mit dem Sesam bestreuen und im Ofen auf der mittleren Schiene 30 Minuten goldbraun backen.

Polentagratin

mit Wirsing und Sardellen

ZUTATEN FÜR 4 PERSONEN

600 ml Milch
60 g Butter
130 g Polenta (Maisgrieß)
80 g geriebener Parmesan
Salz · Pfeffer aus der Mühle
Fett für die Form
½ Wirsing (in Streifen)
2 EL Mehl
frisch geriebene Muskatnuss
16 Sardellenfilets (in Öl; abge-
tropft)

ZUBEREITUNG // 🕐 30 min // 🍳 20 min

1 In einem Topf ½ l Milch und die Hälfte der Butter aufkochen. Die Polenta einrühren und bei schwacher Hitze unter Rühren 4 bis 5 Minuten kochen. 50 g Parmesan unterrühren und mit Salz und Pfeffer würzen. Eine tiefe Auflaufform (28 cm Länge) einfetten und die Polenta darin etwa 1 cm hoch verstreichen. Mit Frischhaltefolie bedecken und abkühlen lassen.

2 Inzwischen den Wirsing in kochendem Salzwasser 4 Minuten blanchieren, in ein Sieb abgießen (dabei 300 ml Kochwasser auffangen), kalt abschrecken und abtropfen lassen.

3 Den Backofen auf 200°C vorheizen. Die restliche Butter in einem Topf zerlassen und das Mehl darin unter Rühren anschwitzen. Die restliche Milch und das Wirsingwasser unterrühren und einköcheln lassen. Mit Salz und Muskatnuss abschmecken.

4 Die Polenta stürzen, in Dreiecke schneiden und mit Sardellenfilets und Wirsing in der Form verteilen. Die Sauce darübergießen und das Gratin mit Parmesan bestreut 20 Minuten backen.

Hirse-Gemüse-Auflauf
mit Romadur

ZUTATEN FÜR 4 PERSONEN

150 g Hirse

350 ml Gemüsebrühe

1 Zwiebel

1 Knoblauchzehe

4 Möhren

2 Pastinaken

2 EL Butter

Butter für die Form

250 g Kräuterfrischkäse

2 Eier

Salz · Pfeffer aus der Mühle

1 EL Paprikapulver

100 g Romadur

ZUBEREITUNG // ⏱ 20 min // 🍳 30 min

1 Die Hirse in einem Sieb abbrausen, abtropfen lassen und in einem Topf mit der Brühe aufkochen lassen. Zugedeckt bei mittlerer Hitze etwa 5 Minuten kochen lassen, vom Herd nehmen und 15 Minuten quellen lassen.

2 In der Zwischenzeit die Zwiebel, den Knoblauch, die Möhren und Pastinaken schälen, die Zwiebel und den Knoblauch in feine Würfel, die Möhren und Pastinaken in feine Streifen schneiden. Die Butter in einer Pfanne erhitzen und das Gemüse darin etwa 6 Minuten andünsten. Anschließend vom Herd nehmen.

3 Den Backofen auf 180 °C vorheizen. Eine Auflaufform (26 cm Durchmesser) einfetten. Den Frischkäse mit den Eiern verrühren und mit Salz, Pfeffer und Paprikapulver würzen. Das Gemüse und die Hirse unterrühren und die Mischung in der Form verteilen. Den Auflauf im Ofen etwa 20 Minuten backen.

4 Den Romadur in Scheiben schneiden, den Hirseauflauf damit belegen und weitere 10 Minuten goldbraun backen.

Hirse-Mangold-Auflauf
mit Kürbis

ZUTATEN FÜR 4 PERSONEN

1 Schalotte

1 Knoblauchzehe

2 EL Olivenöl

ca. ½ l Gemüsebrühe

200 g Hirse

2 Möhren

250 g Kürbisfruchtfleisch

Olivenöl für die Form

200 g Mangold

50 g getrocknete Tomaten (in Öl)

3 Eier

200 g Speisequark

150 g Sahne

1 TL abgeriebene Bio-Orangen-
schale

1 TL Garam Masala

Salz · Pfeffer aus der Mühle

100 g geriebener Mozzarella

ZUBEREITUNG // 🕐 40 min // 🍳 30 min

1 Die Schalotte und den Knoblauch schälen und in feine Würfel schneiden. Das Olivenöl in einem Topf erhitzen, Schalotten- und Knoblauchwürfel darin kurz andünsten und mit der Brühe ablöschen. Die Hirse in einem Sieb abbrausen und mit in die Brühe geben.

2 Die Möhren schälen und in Scheiben schneiden. Den Kürbis in Würfel schneiden. Beides ebenfalls in den Topf geben und alles etwa 15 Minuten leise köcheln lassen. Vom Herd nehmen und zugedeckt weitere 15 bis 20 Minuten quellen lassen. Falls nötig, noch etwas Brühe hinzufügen. Die Hirse sollte am Ende die gesamte Flüssigkeit aufgesogen haben.

3 Den Backofen auf 200 °C vorheizen. Eine tiefe Auflaufform (28 cm Länge) einfetten. Den Mangold putzen und waschen, die Blätter in Streifen und die Stiele in kleine Stücke schneiden. Die Tomaten abtropfen lassen und in Streifen schneiden. Die Eier mit Quark, Sahne, Orangenschale und Garam Masala verrühren und mit den Tomaten und dem Mangold unter die Hirse mischen.

4 Die Hirse-Gemüse-Mischung mit Salz und Pfeffer würzen, in der Form verteilen und glatt streichen. Den Auflauf mit dem Käse bestreuen und im Ofen auf der mittleren Schiene etwa 30 Minuten goldbraun backen.

INFO *Hirse ist auf dem Vormarsch, und das zu Recht: Das leicht nussig schmecken-*
de Getreide enthält Silizium für schöne Haut, Fluor für gesunde Zähne und viel Eisen. Essen Sie
einen Salat mit Zitrusfrüchten dazu, damit kann Ihr Körper das Eisen besonders gut aufnehmen.

Kartoffel-Tomaten-Auflauf
mit Seelachsfilet und Haferflocken

ZUBEREITUNG // 🕐 30 min // ▦ 20 min

1 Den Backofen auf 180 °C vorheizen. Eine Auflaufform (17 x 26 cm) einfetten. Die Kartoffeln in Scheiben schneiden. Die Tomaten waschen und in Scheiben schneiden, dabei die Stielansätze entfernen. Die Paprikaschoten längs halbieren, entkernen, waschen und in kleine Würfel schneiden.

2 Die Zwiebeln schälen und in feine Würfel schneiden. Das Fischfilet waschen, trocken tupfen und mit Salz und Pfeffer würzen. Den Fisch in mundgerechte Stücke schneiden.

3 Paprika und Zwiebeln in der Form verteilen. Den Fisch daraufgeben. Die Gemüsebrühe mit der Crème fraîche verrühren, mit Salz, Pfeffer und Paprikapulver abschmecken und den Fisch damit übergießen. Die Kartoffel- und Tomatenscheiben daraufschichten, mit Salz und Pfeffer würzen und mit dem Olivenöl beträufeln.

4 Den Auflauf mit Haferflocken, Walnüssen und dem Käse bestreuen und im Ofen auf der mittleren Schiene etwa 20 Minuten knusprig überbacken.

ZUTATEN FÜR 4 PERSONEN

Öl für die Form

750 g kleine festkochende Kartoffeln (gegart und geschält)

8 Tomaten

2 grüne Paprikaschoten

2 Zwiebeln

600 g Seelachsfilet (ohne Haut)

Salz · Pfeffer aus der Mühle

150 ml Gemüsebrühe

150 g Crème fraîche

½ TL Parikapulver (edelsüß)

3 EL Olivenöl

4 EL Haferflocken

4 EL gehackte Walnüsse

8 EL geriebener Gouda

ZUTATEN FÜR 4 PERSONEN

Salz

300 g ganzer Buchweizen
(alternativ Naturreis)

Butter für die Förmchen

1 Stange Lauch · 2 Möhren

150 g Champignons

2 Eier

2 EL frisch gehackte Kräuter (z. B. Thymian und Petersilie)

200 ml Gemüsebrühe

200 ml Milch

Pfeffer aus der Mühle

frisch geriebene Muskatnuss

120 g geriebener Käse
(z. B. Gouda)

Buchweizenauflauf

mit Champignons

ZUBEREITUNG // 🕐 20 min // ▦ 25 min

1 In einem Topf 400 ml Salzwasser zum Kochen bringen, den Buchweizen hineingeben
und zugedeckt bei schwacher Hitze etwa
20 Minuten köcheln lassen. Dann die Herd-
platte ausschalten und weitere 10 Minuten
quellen lassen. Den Buchweizen in ein Sieb
abgießen und kalt abspülen.

2 Den Backofen auf 180 °C Umluft vorheizen.
Vier Mini-Auflaufförmchen (à 14 cm Durchmesser) oder eine Auflaufform (17 x 26 cm)
einfetten. Den Lauch putzen, waschen und in
Ringe schneiden. Die Möhren schälen und

raspeln. Die Champignons putzen und in
Scheiben schneiden. Das Gemüse mit dem
Buchweizen mischen und gleichmäßig auf die
Förmchen verteilen.

3 Die Eier mit den Kräutern, der Brühe und der
Milch verrühren, mit Salz, Pfeffer und Mus-
katnuss würzen und die Mischung über das
Gemüse gießen. Den Auflauf mit dem Käse
bestreuen und im Ofen auf der mittleren
Schiene etwa 25 Minuten goldbraun backen.

Ricotta-Quinoa-Auflauf
mit Zucchini

ZUTATEN FÜR 4 PERSONEN

150 g Quinoa
400 ml Gemüsebrühe
300 g Zucchini
3 Schalotten
1 Knoblauchzehe
2–3 Zweige Rosmarin
350 g Cocktailtomaten
2–3 EL Olivenöl
Salz · Pfeffer aus der Mühle
1 Kugel Mozzarella (à 125 g)
50 g Pecorino
(ital. Hartkäse)
1 Bio-Zitrone
Olivenöl für die Form
250 g Ricotta
150 g Magerquark
3 Eier
1 Handvoll Basilikumblätter
2–3 EL Pinienkerne

ZUBEREITUNG // ⏱ 30 min // ▦ 25 min

1 Die Quinoa in einem Sieb mit heißem Wasser abspülen und abtropfen lassen. Die Gemüsebrühe in einem Topf aufkochen, die Quinoa einstreuen und zugedeckt bei mittlerer Hitze etwa 15 Minuten garen. Anschließend in ein Sieb abgießen und abtropfen lassen.

2 Die Zucchini waschen, putzen und der Länge nach in dünne Scheiben schneiden. Schalotten und Knoblauch schälen und in feine Ringe, bzw. Scheiben schneiden. Den Rosmarin waschen und trocken schütteln, die Nadeln abzupfen und fein hacken. Die Tomaten waschen.

3 In einer Pfanne 1 bis 2 EL Olivenöl erhitzen und die Schalotten darin andünsten. Herausnehmen, das übrige Olivenöl hinzufügen und die Zucchini mit dem Knoblauch und dem Rosmarin anbraten, dabei mehrmals wenden und mit Salz und Pfeffer würzen. Herausnehmen und auf Küchenpapier abtropfen lassen.

4 Den Mozzarella in Würfel schneiden, den Pecorino reiben. Die Zitrone waschen und trocken reiben, die Schale fein abreiben und den Saft auspressen. Den Backofen auf 200 °C vorheizen und eine tiefe Auflaufform (17 x 26 cm) einfetten. In einer Schüssel Ricotta, Quark, Eier, 1 bis 2 EL Zitronensaft und die -schale verrühren. Basilikum waschen, trocken schütteln und fein hacken. Mit der Quinoa unter die Ricottamasse mischen und mit Salz und Pfeffer würzen.

5 Die Ricotta-Quinoa-Mischung in die Auflaufform füllen. Den Auflauf mit Zucchini, Tomaten und Mozzarella belegen und mit Pecorino und Pinienkernen bestreuen. Im Ofen auf der mittleren Schiene etwa 25 Minuten überbacken.

Brotauflauf

mit Eiern und Speck

ZUTATEN FÜR 4 PERSONEN

Butter für die Form
100 g durchwachsener Räucherspeck (in Scheiben)
1 rote Paprikaschote
6–8 Scheiben Weißbrot
(vom Vortag)
250 g Sahne
4 Eier
100 g geriebener Käse
(z. B. Gouda)
frisch geriebene Muskatnuss
Salz · Pfeffer aus der Mühle
1 EL gehackte Petersilie

ZUBEREITUNG // 🕐 20 min // 🍳 35 min

1 Den Backofen auf 180 °C Umluft vorheizen. Eine tiefe Auflaufform (17 x 26 cm) einfetten. Den Speck in Streifen schneiden.
Die Paprikaschote längs halbieren, entkernen, waschen und in
kleine Würfel schneiden.

2 Das Weißbrot in etwa 2 cm große Würfel schneiden und in der
Auflaufform verteilen. Die Paprikawürfel und die Speckstreifen
untermischen. Die Sahne mit den Eiern und der Hälfte des Käses
verquirlen. Die Eiersahne mit Muskatnuss, Salz und Pfeffer
kräftig würzen und über die Brotmischung gießen.

3 Den Brotauflauf mit dem restlichen Käse bestreuen und im
Ofen auf der mittleren Schiene etwa 35 Minuten goldbraun
backen. Mit Petersilie bestreut servieren.

4 Für eine vegetarische Variante schneiden Sie 100 g getrocknete
Tomaten in kleine Würfel und hacken 50 g entsteinte Oliven
und 2 Knoblauchzehen. Alles mit 1 TL getrocknetem Oregano
mischen und beim Einschichten zwischen den Brotscheiben
verteilen. Nach Belieben geriebenen Parmesan anstelle des
Goudas verwenden.

MIT FISCH

Lachsauflauf
mit Brotkruste

ZUTATEN FÜR 4–6 PERSONEN

500 g junge Kartoffeln · Salz
400 g Fenchel
1 Knoblauchzehe
2 weiße Zwiebeln
5–7 EL Olivenöl
100 ml Weißwein
gemahlener Safran
Pfeffer aus der Mühle
2 frische rote Chilischoten
2 Sardellenfilets (eingelegt)
Saft von 1 Zitrone
600 g Lachsfilet (ohne Haut)
Fett für die Form
300 g Sahne
100 g geriebener Parmesan
100 g Toastbrot

ZUBEREITUNG // ⏱ 30 min // 🍳 40 min

1 Die Kartoffeln waschen und die Schale dabei gründlich abbürsten. In 3 mm dicke Scheiben schneiden, in Salzwasser 5 bis 6 Minuten vorkochen und abgießen.

2 Den Fenchel putzen und waschen. Knoblauch und Zwiebeln schälen. Den Knoblauch fein hacken. Fenchel und Zwiebeln in dünne Streifen schneiden. Beides in 3 EL Olivenöl 3 bis 4 Minuten dünsten. Knoblauch, Wein und 1 Prise Safran dazugeben. Weitere 5 Minuten köcheln lassen, bis der Wein verdampft ist. Mit Salz und Pfeffer abschmecken.

3 Für die Marinade die Chilischoten längs halbieren, entkernen, waschen und in feine Würfel schneiden. Die Sardellen abtropfen lassen und fein hacken. Chiliwürfel und Sardellen mit dem Zitronensaft verrühren. Das Lachsfilet waschen, trocken tupfen, in etwa 2 cm dicke Scheiben schneiden und in der Marinade wenden. Mit Salz und Pfeffer würzen.

4 Den Backofen auf 180 °C Umluft vorheizen. Eine tiefe Auflaufform (26 cm Durchmesser) einfetten und das Fenchelgemüse hineingeben. Die Sahne und 60 g Parmesan verrühren und über den Fenchel gießen. Den Fisch darauf verteilen und mit der Marinade beträufeln. Die Kartoffelscheiben daraufschichten, mit 1 bis 2 EL Olivenöl beträufeln und mit Salz und Pfeffer bestreuen. Den Auflauf im Ofen auf der zweiten Schiene von unten 20 bis 25 Minuten backen.

5 Das Toastbrot im Küchenmixer grob zerkleinern und mit dem restlichen Parmesan mischen. Auf dem Auflauf verteilen und mit 1 bis 2 EL Olivenöl beträufeln. Nochmals 10 bis 15 Minuten backen, bis die Brotbrösel knusprig braun sind.

TIPP *Dazu können Sie einen Rote-Bete-Salat mit saurer Sahne, etwas Zitronensaft, Salz und Pfeffer servieren. Nach Belieben mit gehacktem Basilikum bestreuen. Probieren Sie dieses Gericht statt mit Lachs auch einmal mit Kabeljaufilets.*

Auflauf mit Scholle
und Tomaten

ZUTATEN FÜR 4 PERSONEN

Butter für die Form
4 Schollenfilets
(à ca. 180 g; ohne Haut)
2 EL Zitronensaft
Salz
Pfeffer aus der Mühle
4–6 Tomaten
1 Handvoll Basilikum
150 g Crème fraîche
100 ml trockener Weißwein
1 Eigelb
2 Scheiben Weißbrot
4 EL geriebener Parmesan

ZUBEREITUNG // ⏱ 20 min // ▦ 20 min

1 Den Backofen auf 180 °C Umluft vorheizen. Eine tiefe Auflauf-form (28 cm Länge) einfetten. Die Fischfilets waschen, trocken tupfen und jeweils der Länge nach halbieren. Die Filets in die Form legen, mit etwas Zitronensaft beträufeln und mit Salz und Pfeffer würzen.

2 Die Tomaten waschen und in Spalten schneiden, dabei die Stielansätze entfernen. Das Basilikum abbrausen, trocken schüt-teln und die Blätter abzupfen. Basilikumblätter und Tomaten-spalten gleichmäßig auf den Fischfilets verteilen und mit Salz und Pfeffer würzen.

3 Die Crème fraîche mit dem Wein und dem Eigelb verquirlen, mit Salz und Pfeffer würzen und die Mischung über den Fisch gießen. Das Weißbrot entrinden und im Blitzhacker fein zer-kleinern. Die Weißbrotbrösel mit dem Parmesan mischen und den Fischauflauf damit bestreuen. Im Ofen auf der mittleren Schiene etwa 20 Minuten goldbraun backen.

Reis-Fisch-Auflauf
mit Sesam

ZUTATEN FÜR 4 PERSONEN

Salz

250 g Langkornreis

1 Stange Staudensellerie

2 Möhren

200 g Crème fraîche

200 ml Milch

50 g Sesamsamen

1 EL Currypulver

3 Eier

Pfeffer aus der Mühle

Butter für die Form

500 g Kabeljaufilet (ohne Haut)

1 EL Butter

1 EL Zitronensaft

ZUBEREITUNG // 🕐 30 min // ▦ 25 min

1 In einem Topf ½ l Salzwasser zum Kochen bringen und den Reis darin bei mittlerer Hitze etwa 20 Minuten bissfest garen. Dann abgießen und abkühlen lassen.

2 Den Sellerie putzen und waschen, die Möhren putzen und schälen. Beides fein raspeln und in einer Schüssel mit Crème fraîche, Milch, Sesam, Currypulver, den Eiern, Salz und Pfeffer verrühren. Den Reis dazugeben und unterrühren.

3 Den Backofen auf 180°C vorheizen. Eine Auflaufform (26 cm Länge) einfetten. Den Fisch waschen, trocken tupfen und mit Salz und Pfeffer würzen. Die Butter in einer beschichteten Pfanne erhitzen. Das Filet darin auf jeder Seite kurz goldbraun braten.

4 Die Hälfte vom Gemüsereis in der Form verteilen und glatt streichen. Den Fisch darauflegen, mit dem Zitronensaft beträufeln und mit dem übrigen Reis bedecken. Den Fischauflauf im Ofen auf der mittleren Schiene etwa 25 Minuten goldbraun backen.

Thunfisch-Nudel-Auflauf
mit Erbsen und Möhren

ZUTATEN FÜR 4 PERSONEN

400 g breite Bandnudeln
(z. B. Pappardelle)
Salz
Butter für die Form
2 Möhren
1 Zwiebel
2 EL Butter
2 EL Mehl
150 ml trockener Weißwein
150 ml Fischfond (aus dem Glas)
200 g Sahne
200 g Erbsen (tiefgekühlt)
Pfeffer aus der Mühle
Paprikapulver (edelsüß)
frisch gemahlene Muskatnuss
2 Gläser weiße Thunfischfilets
(à Abtropfgewicht 140 g)
2–3 EL geriebener Parmesan

ZUBEREITUNG // 🕐 30 min // 🍳 20 min

1 Die Nudeln in reichlich Salzwasser nach Packungsanweisung bissfest garen, in ein Sieb abgießen und abtropfen lassen. Den Backofen auf 180 °C vorheizen. Eine tiefe Auflaufform (26 cm Durchmesser) einfetten.

2 Die Möhren putzen, schälen und in kleine Würfel schneiden. Die Zwiebel schälen und fein hacken. Die Butter in einem Topf erhitzen und die Zwiebelwürfel darin andünsten. Das Mehl hinzufügen und unter Rühren anschwitzen, dann den Wein langsam dazugießen. Den Fischfond und die Sahne angießen und die Sauce bei schwacher Hitze etwa 5 Minuten cremig einköcheln lassen (siehe S. 20).

3 Die Erbsen und die Möhren untermischen und alles mit Salz, Pfeffer, Paprika und Muskatnuss abschmecken.

4 Das Thunfischfilet in ein Sieb abgießen, abtropfen lassen und in mundgerechte Stücke schneiden. Den Fisch mit den Nudeln, dem Parmesan und der Sauce mischen und alles in der Form verteilen. Den Thunfisch-Nudel-Auflauf im Ofen auf der mittleren Schiene etwa 20 Minuten backen und nach Belieben in der Form servieren.

TIPP *Falls Sie frischen Fisch verwenden wollen, eignet sich dazu sehr gut Lachsfilet. Beim Fischkauf sollten Sie auf das MSC-Siegel für nachhaltigen Fischfang achten.*

Forellenauflauf
mit Tomaten

ZUBEREITUNG // 🕐 20 min // 🍽 30 min

1 Den Backofen auf 180 °C vorheizen. Eine
Auflaufform (17 x 26 cm) einfetten. Die Forellenfilets waschen, trocken tupfen und, falls
nötig, vorhandene Gräten ziehen. Den Fisch
mit Salz und Pfeffer würzen, mit 1 EL Zitronensaft beträufeln und in die Form legen.

2 Die Eier mit der Sahne und der sauren Sahne
verquirlen, mit Salz und Pfeffer würzen und
den restlichen Zitronensaft unterrühren. Die
Eiersahne über den Forellenfilets verteilen.
Im Ofen auf der mittleren Schiene 25 bis
30 Minuten backen.

3 Inzwischen die Petersilie und den Dill
waschen, trocken schütteln, die Blättchen
bzw. Spitzen abzupfen und fein hacken.

4 Die Räucherforelle mit einer Gabel in feine
Stücke zupfen und mit den Kräutern mischen.
Die Tomaten waschen und halbieren. Beides
über dem fertigen Forellenauflauf verteilen,
diesen mit der Petersilie garniert servieren.

ZUTATEN FÜR 4 PERSONEN

Butter für die Form
500 g Forellenfilets
(nach Belieben mit Haut)
Salz · Pfeffer aus der Mühle
3 EL Zitronensaft
3 Eier
150 g Sahne
150 g saure Sahne
4 Stängel Petersilie
4 Stiele Dill
80 g geräuchertes Forellenfilet
100 g Cocktailtomaten
Petersilie zum Garnieren

500 g Blattspinat (tiefgekühlt)

500 g weißfleischiges Fischfilet
(z.B. Seelachs oder Rotbarsch)

1 EL Zitronensaft

Salz · Pfeffer aus der Mühle

3 EL Butter · 3 EL Mehl

½ l Milch

100 g geriebener Emmentaler

frisch geriebene Muskatnuss

1 Schalotte

Butter zum Andünsten und für die Form

6 Lasagneplatten

Fischlasagne
mit Blattspinat

ZUBEREITUNG // 🕐 30 min // 🍳 40 min

1 Den Spinat nach Packungsanweisung erwärmen, auf einem Sieb gut abtropfen lassen und grob hacken. Das Fischfilet waschen, trocken tupfen und in etwa 1 cm breite Streifen schneiden. Den Fisch mit Zitronensaft beträufeln und mit Salz und Pfeffer würzen.

2 Die Béchamelsauce wie auf Seite 20 beschrieben zubereiten. Zwei Drittel des Käses in der Sauce schmelzen lassen, mit Salz, Pfeffer und Muskatnuss abschmecken. Die Sauce zugedeckt warm halten. Den Backofen auf 200 °C vorheizen.

3 Schalotte schälen, in feine Würfel schneiden und in etwas Butter andünsten. Spinat untermischen und mit Salz und Pfeffer würzen.

4 Eine tiefe Auflaufform (17 x 26 cm) einfetten und 3 bis 4 EL Käsesauce hineingeben. Nacheinander 2 Nudelplatten, die Hälfte des Fischs und des Spinats und 3 EL Sauce einschichten. Den Vorgang wiederholen, mit Nudeln abschließen und mit der übrigen Sauce bedecken. Die Lasagne mit dem restlichen Käse bestreuen und im Ofen auf der mittleren Schiene 40 Minuten überbacken.

Garnelenlasagne
mit Zucchini

ZUTATEN FÜR 4 PERSONEN

8–10 Lasagneplatten · Salz
12 Garnelen (küchenfertig)
Saft von 2 Limetten
1 Bund Dill
1 Bund Frühlingszwiebeln
800 g Zucchini
1 EL Butterschmalz
Pfeffer aus der Mühle
Fett für die Form
150 g Sahne
2 Eier
125 g Frischkäse
(Doppelrahmstufe)
1 EL Olivenöl

ZUBEREITUNG // 🕐 35 min // 🍽 20 min

1 Die Lasagneplatten in reichlich kochendem Salzwasser bissfestgaren (auch Lasagneplatten ohne Vorkochen!). Mit dem Schaumlöffel herausnehmen, kalt abschrecken und nebeneinander auf einem Küchentuch abtropfen lassen.

2 Die Garnelen kalt abbrausen und trocken tupfen. Mit Limettensaft beträufeln und zugedeckt kühl stellen. Den Dill waschen und trocken schütteln, die Spitzen abzupfen und fein hacken. Die Frühlingszwiebeln putzen, waschen und in Ringe schneiden. Die Zucchini putzen, waschen und auf der Küchenreibe grob raspeln.

3 Den Backofen auf 175 °C vorheizen. Das Butterschmalz in einer Pfanne erhitzen und die Zucchiniraspel darin etwa 1 Minute andünsten. Wieder aus der Pfanne nehmen und mit dem Dill und den Frühlingszwiebeln mischen.

4 Den von den Garnelen abgetropften Limettensaft zum Zucchinigemüse gießen und mit Salz und Pfeffer würzen.

5 Eine tiefe Auflaufform (26 cm Länge) einfetten. Die Lasagneblätter jeweils längs zusammenfalten, sodass Taschen entstehen. Die Taschen mit der Öffnung nach oben nebeneinander in die Auflaufform setzen.

6 Die Nudeltaschen mit dem Zucchinigemüse füllen und mit den Garnelen belegen. Sahne, Eier und Frischkäse verrühren und mit Salz und Pfeffer abschmecken. Die Lasagnetaschen mit dieser Mischung begießen und im Backofen auf der mittleren Schiene etwa 20 Minuten garen. Dabei die Garnelen nach 10 Minuten mit dem Olivenöl bestreichen.

TIPP *Ein tolles Rezept, wenn Sie Besuch erwarten: Es lässt sich gut vorbereiten und macht auch optisch was her. Für eine größere Runde die Zutaten einfach verdoppeln und in zwei separaten Formen gleichzeitig backen.*

Meeresfrüchteauflauf
mit Gorgonzola

ZUBEREITUNG // 🕐 30 min // 🔳 30 min

1 Die Schalotte schälen und in feine Würfel schneiden. Den Lauch putzen, waschen und in Ringe schneiden. Das Öl in einer Pfanne erhitzen und das Gemüse darin andünsten. Mit dem Wein ablöschen, einmal aufkochen lassen und anschließend beiseitestellen.

2 Den Fisch und die aufgetauten Meeresfrüchte abbrausen und abtropfen lassen. Den Backofen auf 200 °C vorheizen. Vier Mini-Auflaufförmchen (9 x 9 cm) einfetten.

3 Für die Sauce die Butter in einem Topf zerlassen und das Mehl darin unter Rühren anschwitzen. Den Fischfond in dünnem Strahl dazugießen und unterrühren. Die Sauce einige Minuten cremig einköcheln lassen. Dann mit Salz und Pfeffer würzen und mit etwas Muskatnuss abschmecken.

4 Den Käse in Würfel schneiden, zur Sauce geben und darin schmelzen lassen. Die Petersilie unterrühren. Den Fisch in mundgerechte Stücke schneiden, mit Lauch, Meeresfrüchten und der Sauce mischen und auf die Förmchen verteilen. Die Aufläufe im Ofen auf der mittleren Schiene 20 bis 30 Minuten überbacken.

ZUTATEN FÜR 4 PERSONEN

1 Schalotte · 1 kleine Stange Lauch

1 EL Öl · 50 ml trockener Weißwein

150 g Seelachsfilet (ohne Haut)

350 g Frutti di Mare
(tiefgekühlt)

Butter für die Förmchen

25 g Butter

25 g Mehl

ca. 300 ml Fischfond

Salz · Pfeffer aus der Mühle

frisch geriebene Muskatnuss

70 g milder Gorgonzola

1 TL fein gehackte Petersilie

ZUTATEN FÜR 4 PERSONEN

24 Cocktailtomaten
24 Shrimps (tiefgekühlt)
150 ml Milch
250 g Sahne
2 Eier
2 Eigelb
Salz · Pfeffer aus der Mühle
1 EL Speisestärke
1 Handvoll Basilikum
Butter für die Förmchen

Auflauf mit Shrimps
und Tomaten

ZUBEREITUNG // 🕐 20 min // ▦ 30 min

1 Den Backofen auf 200 °C vorheizen. Die Tomaten waschen, die aufgetauten Shrimps in einem Sieb abbrausen und abtropfen lassen.

2 In einer Schüssel die Milch mit der Sahne, Eiern und Eigelben verquirlen und mit Salz und Pfeffer würzen. Die Speisestärke mit wenig Wasser glatt rühren und unter die Eiersahne rühren. Das Basilikum abbrausen, trocken schütteln, die Blätter klein schneiden und unterrühren.

3 Vier Portionsförmchen (à 14 cm Durchmesser) einfetten und die Shrimps darauf verteilen. Die Eiermischung darübergießen und je 6 Tomaten in jedes Förmchen setzen.

4 Die Aufläufe im Ofen auf der mittleren Schiene etwa 30 Minuten goldbraun backen und sofort servieren.

Gratinierte Scampi
mit Risotto

ZUTATEN FÜR 4 PERSONEN

Für die Scampi

6 Riesengarnelen (à ca. 50 g)

1 TL Zitronensaft

½ TL Bio-Zitronenschale

½ TL gehackte Petersilie

Salz · Pfeffer aus der Mühle

Für den Risotto

1 kleine Zwiebel

1 Knoblauchzehe

3 EL Olivenöl

80 g Carnaroli-Reis (Risottoreis)

50 ml Weißwein

300 ml Fischfond

2 EL geriebener Parmesan

30 g Sahne

Für die Sabayon

3 Knoblauchzehen

1 Schalotte

2 EL Olivenöl

100 ml Weißwein

1 TL grob zerdrückte weiße Pfefferkörner

1 Lorbeerblatt

2 Eigelb

150 g Butter

Salz · Pfeffer aus der Mühle

ZUBEREITUNG // 🕐 1 h // 🍴 20 min

1 Die Garnelen schälen, am Rücken entlang einschneiden und den Darm vorsichtig entfernen. Die Garnelen waschen, trocken tupfen und in grobe Stücke schneiden. Das Garnelenfleisch mit dem Zitronensaft, der -schale und der Petersilie mischen. Mit Salz und Pfeffer würzen und zugedeckt 1 Stunde im Kühlschrank marinieren.

2 Für den Risotto die Zwiebel und den Knoblauch schälen und in feine Würfel schneiden. Das Olivenöl in einem Topf erhitzen, die Zwiebel und den Knoblauch darin andünsten. Den Reis hinzufügen und glasig dünsten. Mit dem Wein ablöschen, dann etwas Fond angießen. Bei schwacher Hitze unter Rühren köcheln, bis der Reis die Flüssigkeit aufgenommen hat. Immer wieder mit Fischfond auffüllen und den Reis etwa 25 Minuten bissfest garen.

3 Für die Sabayon den Knoblauch und die Schalotte schälen und in feine Würfel schneiden. Das Olivenöl in einer Pfanne erhitzen und den Knoblauch darin anbraten. Anschließend nach Belieben mit dem Stabmixer fein pürieren.

4 Den Backofen auf 180 °C vorheizen. In einem Topf den Wein mit der Schalotte, Pfeffer und Lorbeer einkochen, bis 1 EL Flüssigkeit übrig bleibt. Diese durch ein Sieb passieren und mit den Eigelben in eine Metallschüssel geben.

5 Die Butter zerlassen. Die Eigelbe im heißen Wasserbad schaumig schlagen, bis sie anfangen zu binden. Nach und nach die warme Butter unterrühren. Das Knoblauchpüree untermischen und mit etwas Salz und Pfeffer würzen. Vier ofenfeste Kaffeetassen bereitstellen. Den Risotto mit dem Parmesan und der Sahne vermischen, halb hoch in die Tassen füllen. Die Garnelenstücke darüber verteilen und mit der Sabayon auffüllen. Im Ofen auf der mittleren Schiene etwa 20 Minuten überbacken.

Mein Lieblingsrezept

mit Fisch

GRATINIERTER LACHS MIT SPARGEL-MÖHREN-GEMÜSE

🕐 30 min // 🍳 20 min // Für 4 Personen

1 Je 500 g blanchierte grüne Spargelstangen und Bundmöhren in einer Auflaufform verteilen. 600 g Lachsfilet (ohne Haut) waschen, in 4 Stücke schneiden und darauflegen.

2 Von 2 Bio-Orangen die Schale fein abreiben und den Saft auspressen. 2 bis 3 EL gehackte Estragonblätter mit der Hälfte der Orangenschale und ½ TL Chiliflocken mischen. 3 EL Estragonblätter in einen kleinen Topf geben. Orangensaft, ¼ TL Salz, etwas Pfeffer und die restliche Orangenschale hinzufügen und auf etwa die Hälfte einkochen lassen. Den Sud durch ein feines Sieb gießen.

3 2 EL vom Orangensud in einen hohen Rührbecher geben, den Rest über Lachs und Gemüse in der Form träufeln. Mit der Estragon-Orangenschalen-Mischung bestreuen, salzen und mit Alufolie verschließen. Den Lachs im Ofen bei 180 °C auf der zweiten Schiene von unten etwa 20 Minuten garen.

4 150 g Butter zerlassen. 1 EL Crème fraîche und 2 Eigelbe mit dem Orangensud im Rührbecher verrühren. Einen Stabmixer hineinstellen und einschalten. Die Butter langsam dazugießen, dabei weitermixen, bis eine dickcremige Sauce (Orangen-Hollandaise) entstanden ist.

5 Form herausnehmen und den Backofengrill einschalten. Die Hollandaise auf Lachs und Gemüse verteilen, dann 2 bis 3 Minuten goldbraun gratinieren. Herausnehmen und mit Baguette oder Salzkartoffeln servieren.

Schellfisch
mit Süßkartoffelkruste

ZUTATEN FÜR 2 PERSONEN

500 g mehligkochende
Kartoffeln · Salz
ca. 100 ml Milch
2 EL Butter
frisch geriebene Muskatnuss
2 Zweige Rosmarin
1 gegarte Süßkartoffel
(ca. 150 g)
2 Scheiben Weißbrot
(vom Vortag)
4 EL Olivenöl
Pfeffer aus der Mühle
2 Schellfischfilets
(à ca. 180 g; ohne Haut)
Öl für die Form

ZUBEREITUNG // 🕐 30 min // 🍳 15 min

1 Die Kartoffeln mit der Schale gründlich waschen und in Salzwasser weich garen. Abgießen, ausdampfen lassen, pellen und möglichst heiß durch die Kartoffelpresse in eine Schüssel drücken. Die Milch erhitzen, mit der Butter nach und nach zur Kartoffelmasse geben und zu einem geschmeidigen Püree verrühren. Mit Salz und Muskatnuss abschmecken und warm halten.

2 Den Rosmarin waschen und trocken schütteln. Die Süßkartoffel pellen und fein reiben. Das Weißbrot ebenfalls fein reiben. Das Olivenöl in einer Pfanne erhitzen und die Süßkartoffelraspel und die Brösel darin mit dem Rosmarin bei mittlerer Hitze langsam knusprig braten. Mit Salz und Pfeffer würzen.

3 Den Backofen auf 200 °C vorheizen. Die Schellfischfilets waschen, trocken tupfen und mit Salz und Pfeffer würzen. Eine Auflaufform (17 x 26 cm) einfetten und die Fischfilets hineinlegen. Die Süßkartoffel-Brösel-Masse auf den Fischfilets verteilen und diese im Ofen auf der mittleren Schiene etwa 15 Minuten goldbraun überbacken. Mit dem Kartoffelpüree servieren.

Gratinierter Zander
mit Äpfeln

ZUTATEN FÜR 4 PERSONEN

1 Zanderfilet
(ca. 600 g; ohne Haut)
Saft von ½ Zitrone
2 Zwiebeln
2 rote Paprikaschoten
2 EL Olivenöl
150 g säuerliche Äpfel
(z. B. Boskop)
Salz · Pfeffer aus der Mühle
150 g saure Sahne
100 g Crème fraîche
3 EL gehackter Dill

ZUBEREITUNG // ⏱ 30 min // 🍳 20 min

1 Das Zanderfilet waschen und trocken tupfen, mit dem Zitronensaft beträufeln und zugedeckt etwas ziehen lassen. In der Zwischenzeit die Zwiebeln schälen und in feine Ringe schneiden.

2 Den Backofen auf 200 °C vorheizen. Die Paprikaschoten längs halbieren, entkernen, waschen und in Streifen schneiden. Das Öl in einer beschichteten Pfanne erhitzen und die Zwiebelringe darin andünsten. Die Paprikastreifen dazugeben und 2 bis 3 Minuten mitdünsten. Die Hälfte des Paprikagemüses in eine Auflaufform (17 x 26 cm) füllen.

3 Die Äpfel schälen, vierteln und entkernen. Das Fruchtfleisch in dünne Spalten schneiden und mit dem übrigen Paprikagemüse mischen. Fischfilet trocken tupfen, mit Salz und Pfeffer würzen und in der Form mit der Paprika-Apfel-Mischung bedecken.

4 Die saure Sahne mit der Crème fraîche und dem Dill verrühren und über dem Auflauf verteilen. Den Zander im Ofen auf der mittleren Schiene 15 bis 20 Minuten backen.

Überbackener Kabeljau
mit Tomaten

ZUTATEN FÜR 4 PERSONEN

200 g festkochende Kartoffeln

Salz

2–3 EL Olivenöl

2 Tomaten

2 Frühlingszwiebeln

40 g getrocknete Tomaten (in Öl)

800 g Kabeljaufilet (ohne Haut)

Pfeffer aus der Mühle

2 Handvoll grob gehackte Petersilie

1–2 EL Kapern (aus dem Glas)

1 EL Zitronensaft

ZUBEREITUNG // 🕐 40 min // ▦ 20 min

1 Die Kartoffeln schälen und waschen. In reichlich Salzwasser etwa 30 Minuten weich garen. Inzwischen den Backofen auf 200 °C vorheizen. Eine ovale Auflaufform (28 cm Länge) mit Olivenöl einfetten.

2 Die Tomaten kreuzweise einritzen, überbrühen, kalt abschrecken, häuten, vierteln und entkernen. Die Tomatenviertel in kleine Würfel schneiden. Die Frühlingszwiebeln putzen, waschen und schräg in Ringe schneiden. Die getrockneten Tomaten in kleine Würfel schneiden.

3 Das Fischfilet waschen, trocken tupfen und in 4 etwa gleich große Stücke schneiden. Den Fisch mit Salz und Pfeffer würzen und in die Form legen. Die Kartoffeln abgießen und ausdampfen lassen. Mit einer Gabel stückig zerdrücken, dann die Tomatenwürfel, die getrockneten Tomaten, die Frühlingszwiebelringe, die Hälfte der Petersilie, das restliche Olivenöl, die Kapern und den Zitronensaft untermischen.

4 Die Kartoffelmasse gleichmäßig auf dem Fisch verteilen und im Ofen auf der mittleren Schiene etwa 20 Minuten überbacken. Den überbackenen Kabeljau mit der übrigen Petersilie bestreuen und servieren.

TIPP *Wer Lust auf Exotik hat, der ersetzt die Kartoffeln durch Süßkartoffeln, die Petersilie durch Koriander und presst statt der Zitrone eine frische Limette aus.*

SÜSSES & OBST

Scheiterhaufen
mit Früchten und Baiser

ZUTATEN FÜR 4 PERSONEN

Für den Scheiterhaufen

2 EL Rosinen

1–2 EL Rum

1 Apfel

1 Birne

1 EL Butter

1–2 EL Zucker

2–3 EL Apfelsaft

2–3 Milchbrötchen (ersatzweise Rosinenbrötchen oder Brioche)

50 g Nussnougatmasse

Butter für die Form

2 EL geröstete Mandelblättchen

Puderzucker zum Bestäuben

Für die Eiermilch

1 Ei

120 ml Milch

120 g Sahne

5 Eigelb

3 EL Zucker

1 EL Rum

Mark von ½ Vanilleschote

Für das Baiser

5 Eiweiß

150 g Zucker

Salz

ZUBEREITUNG // ⏱ 30 min // ▦ 55 min

1 Für den Scheiterhaufen Rosinen und Rum in einem Schälchen mischen. Den Apfel und die Birne schälen, vierteln, entkernen und in 3 bis 4 mm dünne Scheiben schneiden. Die Butter in einer Pfanne erhitzen, die Apfel- und Birnenscheiben darin bei schwacher Hitze mit dem Zucker und dem Apfelsaft auf beiden Seiten 2 Minuten braten. Den Backofen auf 170 °C vorheizen.

2 Für die Eiermilch das Ei mit der Milch, der Sahne, den Eigelben, dem Zucker, dem Rum und dem Vanillemark verquirlen.

3 Für den Scheiterhaufen die Milchbrötchen in ½ cm dicke Scheiben schneiden. Den Nougat in Würfel schneiden. Eine tiefe Auflaufform (17 x 26 cm) oder nach Belieben vier Portionsförmchen einfetten. Die Form bzw. Förmchen mit der Hälfte der Brötchenscheiben auslegen und die Apfel-Birnen-Mischung darauf verteilen. Die Rumrosinen, die Mandelblättchen und den Nougat darübergeben und mit den restlichen Brötchenscheiben belegen. Nach und nach die Eiermilch darübergießen. Den Scheiterhaufen im Ofen auf der mittleren Schiene etwa 35 Minuten backen.

4 Für das Baiser die Eiweiße mit dem Zucker und 1 Prise Salz zu steifem Schnee schlagen.

5 Den Scheiterhaufen aus dem Ofen nehmen, das Baiser darauf verteilen und mit dem Teigschaber Spitzen hochziehen. Den Scheiterhaufen wieder in den Ofen stellen und weitere 20 Minuten goldbraun backen.

6 Den Scheiterhaufen aus dem Ofen nehmen und großzügig mit Puderzucker bestäubt servieren.

Pflaumencrumble

mit Nüssen und Zimt

ZUBEREITUNG // 🕐 20 min // 🍳 15 min

1 Den Backofen auf 220 °C Umluft vorheizen. Die Pflaumen waschen, halbieren und entsteinen. Eine tiefe Auflaufform (17 x 26 cm) einfetten und die Pflaumen hineinlegen. Die Zitrone heiß waschen, trocken reiben und die Hälfte der Schale abreiben.

2 Den Saft von ½ Zitrone auspressen und mit der Zitronenschale, dem Likör sowie dem Honig verrühren. Die Mischung über die Pflaumen träufeln.

3 Die gemahlenen Mandeln und Haselnüsse mit dem Zucker, dem Mehl, den Haferflocken, der Butter und dem Zimt mit den Händen zügig zu Streuseln verarbeiten und über die Pflaumen streuen. Den Crumble im Ofen auf der mittleren Schiene etwa 15 Minuten goldbraun backen.

4 Den Pflaumencrumble aus dem Ofen nehmen, auf Dessertteller verteilen und nach Belieben mit Vanilleeis servieren.

ZUTATEN FÜR 4 PERSONEN

800 g Pflaumen

Butter für die Form

1 Bio-Zitrone

4 cl Pflaumenlikör

2 EL Honig

50 g geschälte gemahlene Mandeln

50 g gemahlene Haselnüsse

100 g brauner Zucker

100 g Mehl

50 g Haferflocken

125 g kalte Butter

½ TL Zimtpulver

ZUTATEN FÜR 4 PERSONEN

130 g geschälte gemahlene Mandeln

1 Vanilleschote

125 g kalte Butter

125 g Mehl

135 g Zucker

800 g Aprikosen

Butter für die Form

150 g Sahne

Aprikosencrumble
mit Vanillesahne

ZUBEREITUNG // 🕐 20 min // 🍳 15 min

1 Den Backofen auf 220 °C vorheizen. Die Mandeln in einer Pfanne ohne Fett anrösten. Die Vanilleschote längs aufschneiden und das Mark mit einem spitzen Messer herauskratzen.

2 Die kalte Butter, das Mehl, die Hälfte des Vanillemarks, 125 g Zucker und die Mandeln mit den Händen zügig zu Streuseln verarbeiten.

3 Die Aprikosen waschen, halbieren und entsteinen. Eine Auflaufform (26 cm Durchmesser) einfetten. Die Aprikosenhälften darin dachziegelartig einschichten.

4 Die Streusel gleichmäßig darüber verteilen und den Crumble im Ofen auf der mittleren Schiene etwa 15 Minuten goldbraun backen.

5 In der Zwischenzeit die Sahne steif schlagen, den übrigen Zucker und das restliche Vanillemark unterrühren. Den Aprikosencrumble aus dem Ofen nehmen, auf Tellern anrichten und mit der Vanillesahne servieren.

Kirschenmichel

Süßer Brotauflauf

ZUTATEN FÜR 4 PERSONEN

180 ml Milch

2 ½ Brötchen (vom Vortag)

60 g weiche Butter

350 g Schattenmorellen
(1 Glas; 680 g Füllmenge)

2 Eier

60 g Zucker

2 Msp. Zimtpulver

abgeriebene Schale von
½ Bio-Zitrone

Salz

Butter für die Form

ca. 50 g geschälte gemahlene
Mandeln

ZUBEREITUNG // 🕐 30 min // 💧 30 min // ▦ 1 h

1 Die Milch in einem Topf erhitzen. Die Brötchen in etwa ½ cm dünne Scheiben schneiden. In einer Pfanne 1 EL Butter erhitzen und die Hälfte der Brötchenscheiben darin goldbraun braten. Herausnehmen und in eine Schüssel geben. Die restlichen Brötchenscheiben ebenfalls in 1 EL Butter braten und in die Schüssel geben. Mit der Milch übergießen und 20 bis 30 Minuten durchziehen lassen, nach etwa 10 Minuten einmal umrühren.

2 Inzwischen den Backofen auf 180 °C vorheizen. Die Schattenmorellen in ein Sieb abgießen und abtropfen lassen (nach Belieben den Saft anderweitig verwenden).

3 Die Eier trennen. Die restliche Butter mit dem Zucker, den Eigelben, dem Zimt und der Zitronenschale in einer Rührschüssel mit den Quirlen des Handrührgeräts schaumig schlagen. Nach und nach die eingeweichte Brötchenmasse unterrühren.

4 Die Eiweiße mit 1 Prise Salz zu steifem Schnee schlagen. Den Eischnee und die abgetropften Schattenmorellen vorsichtig unter die Brötchenmasse heben.

5 Eine tiefe Auflaufform (28 cm Durchmesser) einfetten und mit den Mandeln ausstreuen. Den Teig hineinfüllen. Den Kirschenmichel im Ofen auf der mittleren Schiene 50 bis 60 Minuten goldbraun backen. Nach Belieben zum Servieren mit Puderzucker bestäuben. Dazu passt eine Vanillesauce (siehe S. 152).

TIPP *Klassisch werden für diesen Auflauf Kirschen verwendet, Sie können sie aber genauso gut durch Aprikosen oder Pfirsiche ersetzen. Da das Rezept gehaltvoll ist und gut sättigt, schmeckt es auch mal als süßes Hauptgericht.*

Rhabarbercrumbles
mit Vanillesauce

ZUTATEN FÜR 4 PERSONEN

Für die Vanillesauce

½ l Milch

2 EL Speisestärke

3 EL brauner Zucker

½ TL Bourbon-Vanillepulver

Für den Rhabarber

500 g Rhabarber

Butter für die Förmchen

2 EL Zucker

Für die Streusel

150 g kalte Butter

150 g Vollkornmehl

65 g Haferflocken

65 g Mandelstifte

100 g Zucker

Salz

ZUBEREITUNG // ⏱ 20 min // ▦ 30 min

1 Für die Vanillesauce 50 ml kalte Milch mit der Speisestärke, dem Zucker und dem Vanillepulver verrühren. Die restliche Milch in einem Topf zum Kochen bringen. Die Vanillemilch in die kochende Milch geben und unter ständigem Rühren kurz weiterkochen. Die Sauce vom Herd nehmen und abkühlen lassen. Gelegentlich umrühren, damit sich keine Haut bildet.

2 Den Rhabarber putzen, waschen, falls nötig schälen und in 1 bis 2 cm lange Stücke schneiden. Den Rhabarber auf vier gebutterte Tarteförmchen (à 11 cm Durchmesser) verteilen und mit dem Zucker bestreuen.

3 Den Backofen auf 200 °C vorheizen. Für die Streusel die Butter, das Mehl, die Haferflocken, die Mandeln und den Zucker mit 1 Prise Salz mit den Händen zügig zu Streuseln verarbeiten und über dem Rhabarber verteilen.

4 Die Crumbles im Ofen auf der mittleren Schiene 20 bis 30 Minuten backen. Heiß oder lauwarm in den Förmchen servieren. Die Vanillesauce dazu reichen.

Erdbeerauflauf
mit Vanille und Rum

ZUTATEN FÜR 2 PERSONEN

Butter für die Form
300 g Erdbeeren
1 Vanilleschote
2 Eier
4 EL Zucker
Salz
1 cl brauner Rum
70 g Mehl
180 ml Milch

ZUBEREITUNG // ◐ 15 min // ▤ 25 min

1 Den Backofen auf 180°C vorheizen. Eine tiefe Auflaufform (26 cm Durchmesser) einfetten. Die Erdbeeren waschen, putzen und je nach Größe ganz lassen oder halbieren. Die Vanilleschote längs aufschneiden und das Mark mit einem spitzen Messer herauskratzen.

2 Die Eier mit dem Zucker schaumig schlagen. Vanillemark, 1 Prise Salz und Rum unter die Eier rühren. Erst das Mehl, dann die Milch dazugeben und gründlich verrühren.

3 Den Teig in die Form füllen und die Erdbeeren darüber verteilen. Den Erdbeerauflauf im Ofen auf der mittleren Schiene etwa 25 Minuten backen. Herausnehmen und warm servieren, dazu nach Belieben mit Puderzucker bestäuben.

Mein Lieblingsrezept
mit Obst

BIRNEN-SCHOKO-OFENSCHLUPFER

🕐 20 min // 💧 20 min // ▦ 30 min // Für 4 Personen

1 250 g Milchbrötchen (2–3 Tage alt) in 1½ cm dicke Scheiben schneiden. 3 Birnen nach Belieben schälen, vierteln, entkernen und in Spalten schneiden. 80 g Zartbitterschokolade mittelgrob hacken. 30 g Amarettini in einem Gefrierbeutel mit dem Nudelholz zerdrücken.

2 ½ l Milch mit 1 Prise Salz, 4 bis 5 EL Zucker, ½ TL Zimtpulver und 2 EL Kakaopulver in einem Topf verquirlen und die Amarettini unterrühren. Die Milch erhitzen und in einer Schüssel mit 4 verquirlten Eiern verrühren.

3 Vier kleine Auflaufformen mit 1 EL Butter einfetten. Brötchen und Birnen dachziegelartig einschichten, die Schokomilch darübergießen, mit der gehackten Schokolade bestreuen und etwa 20 Minuten ziehen lassen.

4 4 EL Mandelstifte und 50 g Butterflöckchen darüberstreuen. Den Ofenschlupfer im auf 200 °C vorgeheizten Backofen auf der zweiten Schiene von unten 25 bis 30 Minuten backen.

5 Herausnehmen, 10 Minuten abkühlen lassen und mit Puderzucker bestäubt servieren.

Apfel-Grieß-Auflauf
mit saurer Sahne

ZUBEREITUNG // 🕐 20 min // 🍳 1 h

1 Den Backofen auf 180 °C vorheizen. Eine flache Auflaufform (26 cm Durchmesser) einfetten. Die Äpfel schälen und vierteln, die Kerngehäuse entfernen und das Fruchtfleisch in dünne Spalten schneiden. Die Apfelspalten in die Form schichten.

2 Die Eier trennen. Die Butter mit dem Zucker und der Zitronenschale mit den Quirlen des Handrührgeräts schaumig rühren, nach und nach die Eigelbe unterrühren und die Masse schaumig aufschlagen.

3 Den Grieß, die saure Sahne und die Milch unterrühren. Die Eiweiße steif schlagen und unterziehen. Die Masse über den Äpfeln verteilen.

4 Den Auflauf im Ofen auf der mittleren Schiene 50 bis 60 Minuten backen. Der Auflauf ist fertig, wenn beim Hineinstechen mit einem Holzstäbchen kein Teig mehr daran kleben bleibt (Stäbchenprobe).

5 Den Apfel-Grieß-Auflauf herausnehmen, mit Puderzucker bestäuben und mit Zitronenzesten bestreut servieren.

ZUTATEN FÜR 4 PERSONEN

Butter für die Form

700 g Äpfel

4 Eier

100 g Butter

100 g Zucker

½ TL abgeriebene Bio-Zitronenschale

150 g Grieß

125 g saure Sahne

200 ml Milch

Puderzucker zum Bestäuben

Zitronenzesten zum Garnieren

Butter und Zucker für die Tassen
250 g Zwetschgen
2 Eier
250 g Speisequark
3 EL Butter
5 EL Zucker
Saft und abgeriebene Schale von
½ Bio-Zitrone
2 EL Mehl
1 EL Grieß
Zucker zum Bestreuen

Quarkauflauf
mit Zwetschgen

ZUBEREITUNG // ⏲ 30 min // ▦ 35 min

1 Den Backofen auf 200 °C vorheizen. Vier ofenfeste Tassen einfetten und mit Zucker ausstreuen. Die Zwetschgen waschen, halbieren und entsteinen. Nach Belieben vierteln.

2 Die Eier trennen. Den Quark auf einem Sieb gut abtropfen lassen. Die Butter mit dem Zucker und der Zitronenschale mit den Quirlen des Handrührgeräts cremig rühren. Erst die Eigelbe nach und nach unter die Buttercreme rühren, dann den Quark, Mehl und Grieß hinzufügen.

3 Die Eiweiße mit 1 EL Zitronensaft steif schlagen und vorsichtig unter die Quarkcreme heben.

4 Die Hälfte der Quarkcreme in die Tassen füllen und glatt streichen. Mit der Hälfte der Zwetschgen belegen und mit der übrigen Creme bestreichen. Die restlichen Zwetschgen leicht schräg auflegen.

5 Den Quarkauflauf im Ofen auf der mittleren Schiene 35 Minuten backen. Herausnehmen und mit Zucker bestreut servieren.

Reisauflauf
mit Trockenfrüchten

ZUTATEN FÜR 4 PERSONEN

1 Vanilleschote
600 ml Milch
150 g Milchreis
Butter für die Förmchen
2 Eier
4 EL Butter
4 EL Zucker
100 g Trockenfrüchte
(z. B. Aprikosen und Kirschen)
Salz
Butterflöckchen zum Bestreuen
Puderzucker zum Bestäuben

ZUBEREITUNG // 🕐 15 min / 💧 45 min // 🍳 35 min

1 Die Vanilleschote mit einem spitzen Messer der Länge nach aufschlitzen. Die Milch mit der Vanilleschote in einem Topf aufkochen lassen und den Reis hinzufügen. Bei schwacher Hitze etwa 30 Minuten unter gelegentlichem Rühren quellen lassen. Die Vanilleschote entfernen und den Reisbrei etwa 15 Minuten abkühlen lassen, dabei gelegentlich umrühren.

2 Den Backofen auf 180 °C vorheizen. Vier Souffléförmchen (à 9 cm Durchmesser) oder eine ofenfeste Form einfetten. Die Eier trennen. Butter und Zucker schaumig schlagen und die Ei-gelbe unterrühren, bis eine cremige Masse entstanden ist. Den Reisbrei nach und nach unter die Eier-Butter-Mischung rühren.

3 Die Trockenfrüchte fein hacken und unter den Reis rühren. Die Eiweiße mit 1 Prise Salz steif schlagen und vorsichtig unter den Obstreis heben. Die Mischung in die Förmchen füllen, mit Butterflöckchen belegen und im Ofen auf der mittleren Schiene etwa 35 Minuten goldbraun backen. Den Reisauflauf in den Förmchen mit Puderzucker bestäubt servieren.

INFO *Trockenobst ist aufgrund seines konzentrierten Nährstoffgehalts und der vielen enthaltenen Ballaststoffe gesund und bringt gerade im Winter Abwechs-lung in den Speiseplan. Nach Möglichkeit sollten Sie zur ungeschwefelten Variante greifen, denn die ist wesentlich besser bekömmlich.*

Schokoladensoufflés

mit Zimt

ZUBEREITUNG // 🕐 20 min // 🔲 20 min

1 Den Backofen auf 200 °C vorheizen. Vier Souffléförmchen (à 9 cm Durchmesser) einfetten und mit Zucker ausstreuen, überschüssigen Zucker gut abklopfen. Die Butter in einem Topf zerlassen. Die Schokolade hacken, zur Butter geben und darin schmelzen. Die Mischung etwas abkühlen lassen.

2 Das Mehl unter die Schokomasse rühren. Die Milch in dünnem Strahl dazugießen und bei schwacher Hitze unter Rühren erwärmen, bis sich alle Zutaten zu einer Creme verbinden. Den Topf vom Herd nehmen und die Schokomasse unter Rühren etwas abkühlen lassen.

3 Die Eier trennen. Eigelbe unter die Creme rühren, Eiweiße mit Zucker und Zimtpulver zu steifem Schnee schlagen und unterheben.

4 Den Teig auf die Förmchen verteilen, sodass sie zu zwei Dritteln gefüllt sind. Die Förmchen auf ein tiefes Backblech stellen und so viel heißes Wasser angießen, dass sie bis zur Hälfte im Wasser stehen. Im Ofen auf der zweiten Schiene von unten etwa 20 Minuten backen, bis sich die Soufflés in der Mitte leicht wölben. Die Soufflés herausnehmen, kurz abkühlen lassen und mit Puderzucker bestäubt servieren.

ZUTATEN FÜR 4 PERSONEN

Butter und Zucker für
die Förmchen
25 g Butter
50 g Zartbitterschokolade
(mind. 60 % Kakaoanteil)
2 EL Mehl
125 ml Milch
2 Eier
1 EL Zucker
1 Prise Zimtpulver
Puderzucker zum Bestäuben

ZUTATEN FÜR 4 PERSONEN

Butter für die Förmchen
3 EL gehackte Mandeln
1 Schuss Amaretto (ital. Mandellikör)
100 ml kalter Espresso
Saft von ½ Orange
ca. 60 g Löffelbiskuits
2 Eier
60 g Zucker
200 g Mascarpone
Kakaopulver zum Bestreuen

Tiramisusoufflés
mit Mandeln

ZUBEREITUNG // 🕐 20 min // 🍳 20 min

1 Den Backofen auf 200 °C vorheizen. Vier Souffléförmchen (à 9 cm Durchmesser) einfetten und mit den Mandeln ausstreuen. Den Amaretto mit Espresso und Orangensaft mischen. Den Boden der Förmchen mit den Löffelbiskuits auslegen und die Espressomischung darüberträufeln.

2 Die Eier trennen. Die Eiweiße mit dem Handrührgerät steif schlagen. Die Hälfte des Zuckers dazugeben und weiterschlagen, bis er sich aufgelöst hat. Die Eigelbe und den restlichen Zucker mit dem Handrührgerät weißcremig schlagen. Den Mascarpone unterrüh-

ren, dann den Eischnee vorsichtig unterheben. Die Mischung auf den Löffelbiskuits verteilen.

3 Den Teig auf die Förmchen verteilen, sodass sie zu zwei Dritteln gefüllt sind. Die Förmchen auf ein tiefes Backblech stellen und so viel heißes Wasser angießen, dass sie bis zur Hälfte im Wasser stehen. Im Ofen auf der zweiten Schiene von unten etwa 20 Minuten backen, bis sich die Soufflés in der Mitte leicht wölben.

4 Die Soufflés herausnehmen, kurz abkühlen lassen und mit Kakaopulver bestäubt servieren.

Brotauflauf
mit Beeren

ZUTATEN FÜR 4 PERSONEN

300 g gemischte Beeren (tiefgekühlt)
80 g weiche Butter
250 ml Milch
1 TL Bio-Zitronenschale
1 EL Orangenblütenwasser
3 Eier
80 g Zucker
8 Scheiben Brioche (oder
Kastenweißbrot)

ZUBEREITUNG // ⏱ 30 min // ▦ 25 min

1 Die Beeren in einem Sieb auftauen lassen.

2 Den Backofen auf 200 °C vorheizen und eine tiefe Auflaufform (17 x 26 cm) einfetten. Die Milch mit der Zitronenschale in einem Topf erwärmen, das Orangenblütenwasser einrühren und die Mischung wieder abkühlen lassen.

3 Die Eier mit 50 g Zucker verquirlen. Die übrige Butter zerlassen und mit der Milch unterrühren. Die Brotscheiben längs halbieren, einzeln in die Eiermilch tauchen und in die Form schichten. Die Beeren zwischen den Brotscheiben verteilen und die restliche Eiermilch darübergießen. Den Brotauflauf mit dem restlichen Zucker bestreuen und im Ofen etwa 25 Minuten backen. Am besten noch lauwarm und nach Belieben mit Vanillesauce servieren.

TIPP *So bekommt altbackenes Brot eine leckere zweite Chance – die perfekte Resteverwertung! Natürlich können Sie auch frische Beeren verwenden, sollte gerade Beerensaison sein.*

Pfirsich-Pie
ohne Boden

ZUBEREITUNG // 🕐 35 min // ▦ 35 min

1 Die Pfirsiche kreuzweise einritzen, überbrühen, abschrecken, häuten, halbieren, entsteinen und das Fruchtfleisch in Spalten schneiden. Mit dem Zucker, der Butter und dem Mehl mischen und in eine flache Auflaufform (17 x 26 cm) füllen.

2 Den Backofen auf 180 °C Umluft vorheizen. Für den Teig das Mehl in einer Schüssel mit je 1 Prise Salz und Muskatnuss und dem Zucker mischen. Die Butter mit den Quirlen des Handrührgeräts unter das Mehl rühren. So

viel Buttermilch dazugeben, bis der Teig formbar, aber nicht klebrig ist. Aus dem Teig mit den Händen kleine Bällchen formen, diese flach drücken und auf die Pfirsiche legen.

3 Den Pfirsich-Pie im Ofen auf der mittleren Schiene etwa 35 Minuten goldbraun backen. Aus den Ofen nehmen und nach Belieben noch warm oder abgekühlt servieren. Dazu passt Vanille- oder Schokoladensauce und eine Kugel Vanilleeis.

ZUTATEN FÜR 4 PERSONEN

6 reife Pfirsiche
4 EL brauner Zucker
2 EL flüssige Butter
1 EL Mehl
Für den Teig
100 g Mehl
Salz
frisch geriebene Muskatnuss
4 EL Zucker
50 g weiche Butter
ca. 60 ml Buttermilch

ZUTATEN FÜR 4 PERSONEN

Für den Teig
120 g Mehl · ca. 200 ml Milch
2 Eier · 4 EL Zucker · Salz
2–3 EL Butter zum Ausbacken
Butter für die Form
Für die Füllung
2 Eier · 2 EL weiche Butter
3 EL Zucker · 1 EL Vanillezucker
250 g Speisequark
Saft und Schale von ½ Bio-Zitrone
2 EL Rosinen · 2 EL Mandelstifte
Für den Guss
¼ l Milch · 3 EL Crème fraîche
2 Eigelb · 1 EL Zucker
2 EL Vanillezucker
Puderzucker zum Bestäuben

Überbackene Pfannkuchen

mit Quarkcreme

ZUBEREITUNG // 🕐 35 min // ⏳ 30 min // ▤ 25 min

1 Für den Teig das Mehl, die Milch, die Eier, den Zucker und 1 Prise Salz zu einem glatten Teig verrühren und 30 Minuten quellen lassen.

2 Eine Pfanne erhitzen und dünn mit Butter einfetten. Aus dem Teig nacheinander 4 bis 6 Pfannkuchen backen.

3 Den Backofen auf 200 °C vorheizen. Für die Füllung die Eier trennen. Die Butter mit dem Zucker und Vanillezucker cremig rühren, danach die Eigelbe und den gut abgetropften Quark untermischen. Den Zitronensaft und die -schale mit den Rosinen unter die Creme

rühren. Die Eiweiße steif schlagen und mit den Mandeln unterheben.

4 Jeden Pfannkuchen dünn mit Quarkcreme bestreichen, aufrollen und in 5 cm breite Röllchen schneiden. Eine tiefe Auflaufform (26 cm Durchmesser) einfetten und die Pfannkuchenrollen hineinstellen.

5 Für den Guss Milch, Crème fraîche, Eigelbe, Zucker und Vanillezucker verquirlen und auf den Pfannkuchen verteilen. Im Ofen auf der mittleren Schiene etwa 25 Minuten backen. Mit Puderzucker bestäubt servieren.

Register

W

Bildnachweis

DIE REZEPTSYMBOLE

🕐 – Zubereitungszeit

▦ – Garzeit

💧 – Einweich-/Marinierzeit